Das Wunder der Friedlichen Revolution

Die Deutsche Bibliothek – Bibliographische Information
Die Deutsche Bibliothek verzeichnet diese Publikation in der Deutschen
Nationalbibliographie; detaillierte bibliographische Daten sind im Internet
über http://dnb.ddb.de abrufbar.

© 2009 by Evangelische Verlagsanstalt GmbH, Leipzig
Printed in Germany · H 7287
Alle Rechte vorbehalten
Cover: Georg Design, Münster
Coverbild: Leipzig Tourismus und Marketing GmbH, Foto: Bernhard Eckstein, Leipzig
Layout: behnelux gestaltung, Halle/Saale
Druck und Binden: CPI – Clausen & Bosse, Leck

ISBN 978-3-374-02669-2
www.eva-leipzig.de

Das Wunder der Friedlichen Revolution
Prominente Stimmen zum Herbst 1989

Herausgegeben von Jan Schönfelder

Inhalt

Vorwort von Michael Beleites 5

Christian Führer 8
Wolfgang Thierse 27
Freya Klier 39
Gunther Emmerlich 53
Friedrich Schorlemmer 68
Hans-Dieter Schütt 85
Michael Schmitz 105
Peter Tanz 123
Stojan Gugutschkow 136
Stephan Krawczyk 151
Dagmar Schipanski 162
Werner Leich 178
Bernd-Lutz Lange 190

Nachwort des Herausgebers 206

Vorwort

Das »Wunder der Friedlichen Revolution« wird uns durch Jan Schönfelder und seine Gesprächspartner ein großes Stück nähergebracht. Er hat verschiedene, durchaus prominente Menschen, die damals im Ostteil Deutschlands lebten, nach ihren konkreten Erfahrungen befragt. Es handelt sich dabei um Zeitzeugen, die die Ereignisse von 1989 und 1990 aus ganz unterschiedlichen Perspektiven erlebt haben. Aber sie alle haben diese Geschehnisse sehr bewusst und intensiv wahrgenommen. Manche haben ihren Verlauf sogar beeinflusst. Geschichte wird immer dort anschaulich, wo sich die »große Geschichte« mit der »kleinen Geschichte« berührt. Und auf genau diesen Bereich hat Jan Schönfelder seine Fragen ausgerichtet. So ist eine hochspannende und sehr dichte Schilderung der Wendezeit entstanden – die eigentlich nur in dieser Darstellungsweise als das »Wunder der Friedlichen Revolution« anschaulich wird.
Die Befragten kommen aus verschiedenen gesellschaftlichen Sphären, sie fühlen sich unterschiedlichen politischen Strömungen zugehörig – und dennoch sind sie sich in einem einig: Der erlebte Epochenwechsel war »ein toller Aufbruch« (Freya Klier). Es war »das Gefühl, etwas bewirken zu können, wenn man zusammensteht« (Peter Tanz). Dabei kommen keineswegs nur Leute zu Wort, die schon Jahre vor dem

Herbst 1989 zur oppositionellen Szene gehörten. Einige haben erst in jenen Tagen den Schritt aus der Deckung gewagt, manch einer hat sich anfangs sogar noch energisch gegen die Selbstbefreiung des Volkes gestemmt. Aber gerade diese Stimmen sind wertvoll, weil sie den Alltag in der SED-Diktatur aus der Sicht der zur Anpassung Genötigten oder sogar aus der Innenperspektive des Systems zeigen. Es sprechen hier nicht nur wichtige Zeitzeugen, sondern auch Menschen, die selbst den Wandel verkörpern. Nicht diejenigen, die es immer schon wussten, sondern diejenigen, die sich ändern und Schlussfolgerungen aus ihren Erfahrungen ziehen, geben der Demokratie ihren Sinn. Das Besondere an diesem Buch ist, dass Jan Schönfelder alle Beteiligten sehr offen reden lässt. Es sind Menschen, die es sich nicht leicht machen mit ihrer damaligen Rolle und ihren seither hinzugewonnenen Erkenntnissen; Menschen, die eine je eigene und ganz individuelle Färbung in die Betrachtung des »Wunders der Friedlichen Revolution« hineinbringen.

Jan Schönfelder fragt auch nach der eigenen Angst und danach, warum die Revolution friedlich blieb. Die hier zusammengetragenen Beiträge enthalten ausgesprochen persönliche Antworten und Reflexionen. Im Nachhinein können wir oft nur erahnen, welches Engagement von verschiedensten Seiten nötig war, welches Glück wir alle hatten, dass unsere Revolution eine Friedliche Revolution war.

Dank der hier veröffentlichten persönlichen Erinnerungen können wir uns aber eine konkrete Vorstellung machen vom »Wunder der Friedlichen Revolution«. Das ist nicht nur pathetisch gemeint, denn, gemessen an allem, was »Realisten« in den achtziger Jahren erwarten konnten, war der erlebte Epochenwechsel – einschließlich der Umstände, unter denen er möglich wurde – wirklich ein Wunder!
Die Friedliche Revolution ist letztlich das wichtigste identitätsstiftende Ereignis in der jüngeren Geschichte Ostdeutschlands und im Grunde auch für ganz Deutschland. Im Herbst 1989 hatten zum ersten Mal seit dem Volksaufstand von 1953 öffentlich protestierende Menschen das Gefühl, nicht mehr allein zu stehen, sondern sich in einer tragenden Gemeinschaft zu befinden, die die Mehrheit der Bevölkerung ausmachte. Eine ebenso tragende Kraft war das Wissen um die Unterstützung der ostdeutschen Freiheitsbestrebungen durch die Westdeutschen, insbesondere auch durch die West-Medien. Es bleibt die dankbare Erinnerung, Freiheit und Demokratie selbst errungen zu haben. Die Erinnerung an das Wunder der Friedlichen Revolution ist etwas, das die Menschen nicht trennt, sondern eint.
Jan Schönfelder und allen Interview-Partnern, die an diesem Buch beteiligt sind, sei für ihren Beitrag hierzu herzlich gedankt!

Michael Beleites

Christian Führer (geb. 1943 in Leipzig, evangelisch, verheiratet, vier Kinder, sieben Enkelsöhne) wächst mit zwei Schwestern in einem sächsischen Pfarrhaus auf. 1961 macht er in Eisenach Abitur und legt 1966 das Theologische Staatsexamen an der Karl-Marx-Universität in Leipzig ab. Es folgen 1968 die Ordination und die Einsetzung zum Pfarrer in Lastau und Colditz. 1980 wird Führer an die Stadt- und Pfarrkirche St. Nikolai in Leipzig berufen und bleibt dort als Pfarrer der Gemeinde St. Nikolai – St. Johannis bis zum Ende seiner Dienstzeit im März 2008. Aus der unter seinem Einsatz eingeführten Friedensdekade erwachsen 1982 die regelmäßigen Friedensgebete am Montagabend, die mithelfen, die gewaltfreien Demonstrationen des Herbstes 1989 vorzubereiten. Die Friedensgebete werden auch nach der Friedlichen Revolution unter großer öffentlicher Beachtung fortgesetzt und nehmen jeweils aktuelle brennende Themen zum Ausgangspunkt. Auch die Nutzung der Nikolaikirche als »Kirche – offen für alle«, womit die verschiedensten einladenden Angebote für Kirchenferne und Hilfsangebote für gesellschaftliche Randgruppen genauso gemeint sind wie die Chan-

Christian Führer

cen eines zum Gebet offenstehenden Kirchenraumes, verbindet sich über die Friedliche Revolution hinaus eng mit der Person Christian Führer. Er wurde für sein Engagement mit zahlreichen Ehrungen und Preisen ausgezeichnet, darunter z. B. 1995 das Bundesverdienstkreuz und 2005 der Augsburger Friedenspreis zusammen mit Michail Gorbatschow.

Wann haben Sie im Jahr 1989 zum ersten Mal gespürt, dass sich in der DDR etwas ändert? Wie haben Sie darauf reagiert? ....

....

Wir haben von der Friedensdekade 1981 an – die ich in der Nikolaikirche sozusagen sesshaft gemacht habe – über den Beginn der Friedensgebete, die seit dem 20. September 1982 außerhalb der Friedensdekade jeden Montag stattfanden, bis 1989 einen langen Weg zurückgelegt. Seit 1986 waren wir zunehmend damit befasst, wie wir den Menschen, die Hilfe brauchten, helfen konnten. Da waren einerseits die Ausreisewilligen, andererseits gab es die berechtigten Forderungen der Basisgruppenleute. Die Frage war, wie wir den einen helfen können und mit den Forderungen der anderen umgehen sollen, und das Ganze wurde immer bedrohlicher und gewaltsamer. Vom 8. Mai 1989 an wurden die Zufahrtsstraßen zur Nikolaikirche durch die Polizei abgesperrt, im Herbst kam es dann zu regelmäßigen Zuführungen, so nannten sie die Verhaftungen. Wir wurden selbst auch einbestellt ins Gefängnis, Pfarrer Christoph Wonneberger und ich, vor den Bezirksstaatsanwalt; und der 7. Oktober, der letzte DDR-Feiertag, der war derart bedrohlich, mit Hunderten Verhaftungen vor der Nikolaikirche: Sie wurden alle raustransportiert in die Pferdeställe der AGRA im Süden der Stadt. Dann kam also dieser 9. Oktober, dieser Tag der Entscheidung, als die Stadt wie im Bürgerkrieg war. Ich hatte am 2. Oktober gebeten, dass die anderen Kirchen auch Friedensgebete halten, damit so viele Menschen wie möglich unter den Schutz der Kirche kommen und Jesu Botschaft von der Gewaltlosigkeit hören und aufnehmen können. Wir haben auf diese Weise ungefähr 8 000 Leute hineingekriegt in die Innenstadtkirchen. An diesem unvergesslichen Tag liefen die Menschen los, hin- und hergerissen zwischen Angst und Hoffnung und zugleich mit der Kraft der Hoffnung und dem Mut, die sie sich aus den Kirchen geholt hatten, und mit einer Restangst, die natürlich immer da war. Als dieser Zug dann abends wieder am

Gewandhaus ankam, ohne dass geschossen worden war, da gab es nur ein Gefühl: eine ungeheure Erleichterung, dass die chinesische Lösung nicht eingetreten war. Ich erinnere mich: Als wir nach dem Friedensgebet aus der Kirche heraustraten, kam zum ersten Mal das Gefühl auf, dass die DDR heute Abend nicht mehr dieselbe ist, wie sie am frühen Morgen gewesen war. Wir wussten zwar noch nicht, wie viele Tausende es waren, wir haben ja erst später erfahren, dass es 70 000 waren, also die größte Demonstration, die es freiwillig am Anfang einer Bewegung in der DDR gegeben hat. Aber dass es viele Tausende waren, das konnte man deutlich sehen, ohne eine genaue Zahl zu kennen. Das war ein Vorgang, den es so in der DDR noch nicht gegeben hatte, dass der Wille derer, die aus den Kirchen kamen, der Wille der Demonstranten, der Wille des Volkes sich sozusagen gegenüber der Staatsmacht durchsetzte. Jesus nennt das die Macht der Ohnmächtigen: »Meine Kraft ist in den Schwachen mächtig.«

Wie haben Sie die Kommunalwahlen im Mai 1989 erlebt? . . . .
. . . .
Wir haben gewusst, dass da immer betrogen wurde. Erst einmal haben wir die Wahl vorbereitet und an der Infowand in der Nikolaikirche einen großen Aushang gemacht: »Wie wählen wir? – Erkundigen Sie sich: Was ist eine gültige Jastimme? Was ist eine gültige Neinstimme? Was ist eine ungültige Stimme? Erkundigen Sie sich, wo die Kabine steht; wenn keine Kabine da ist, wird das Wahllokal wieder verlassen.« Das haben wir öffentlich ausgehängt in der Kirche, und dann sind wir zur Wahl gegangen. Es kam schon durch die Erkundigung »Was ist eine gültige Stimme?« Unruhe bei den Wahlhelfern auf, und hinter uns staute es sich. Und dann erst auf die Frage »Wo ist die Wahlkabine?« ... – die stand ja, was psychologisch interessant war, immer am anderen Ende des Raumes, sodass man eine Distanz von 10 bis 15 Metern alleine zurücklegen

musste, was für die Leute tatsächlich schwer war. Dann war diese Wahlkabine »unten ohne«, reichte also nur bis zur Brusthöhe, es hing ein Bleistift herunter und außerdem wackelte das Ganze wie ein Schiff im Sturm – bei jedem Strich, den man machte. Da konnte man sozusagen mitzählen. Und man musste ja jeden einzelnen Namen durchstreichen, denn wenn man nur ein Kreuz quer über alles machte und ein Name war nicht berührt, dann galt das als Jastimme. Folgenden Betrug habe ich persönlich herausgefunden: Wir gingen immer in das Sonderwahllokal, wählten also Tage vorher, weil ich mir den Gottesdienst und den Sonntag nicht durch diese Scheinwahl verderben wollte. So ging ich also donnerstags mit meiner Frau zur Wahl. Dabei war übrigens auch noch interessant, dass wir natürlich nicht gleichzeitig in eine Kabine gehen konnten, so warteten wir direkt davor aufeinander, dadurch fassten andere auch den Mut und stellten sich dort an. Das war eine verrückte Sache, sehr zum Ärger und Entsetzen der Wahlhelfer. Im Stasi-Protokoll, was wir viel später gelesen haben, steht: »der F. war nicht zur Wahl«. Das heißt: Sie haben, bevor es die große Auszählung am Sonntagabend gab, zwischen Donnerstag und Sonntag die Wahlzettel genommen und haben alle Neinstimmen aussortiert. Das hab ich durch diesen Hinweis »der F. war nicht zur Wahl« herausgefunden: Ich war zur Wahl gegangen – aber die Neinstimme war aussortiert worden!

Die Basisgruppen hatten vorher verabredet, wer wohin zur Auszählung geht. Es gab ja in der DDR auch demokratische Wurmfortsätze, zum Beispiel die öffentliche Auszählung der Wahlstimmen. Wir haben uns über das ganze Stadtgebiet zur Auszählung verteilt. Hinterher haben wir diese Ergebnisse zusammengetragen, und es wurde zusammengestellt, wie viel Prozent nicht zur Wahl gegangen waren. Man hatte ja all die Ausreisewilligen schon gar nicht mehr zur Wahl zugelassen, denn die hätten garantiert lauter Neinstimmen abgegeben. Man hatte also schon viel Vorsorge getroffen.

Und am Sonntag passierte folgendes Irre: Wir hatten ein Partnergemeindetreffen von Jugendlichen aus Bremerhaven gehabt und uns von denen ziemlich tränenreich verabschiedet. Anschließend bin ich mit der Familie noch ein bisschen spazieren gegangen, und wir kamen ungefähr um 16 Uhr zurück, weil wir um 18 Uhr zur Auszählung da sein wollten. Da standen so ca. 30/40 Leute auf dem Nikolaikirchhof, einige kannte ich, die waren aus unserem Hoffnungskreis für Ausreisewillige. Ich ging zu einem hin und fragte: »Was ist denn hier los?« Er sagte: »Ich weiß auch nicht, die Leute haben alle gesagt, heute Nachmittag ist was an der Nikolaikirche.« - Ich: »Außer dem katholischen Gottesdienst 17 Uhr wie jeden Sonntag ist mir nicht bekannt, dass jetzt irgendwas wäre.« - »Ja wenn das so ist, dann gehen wir wieder.« Wir sind also in die Wohnung gegangen und er ist weggegangen – und da sind die gesamten 30/40 Leute hinter ihm und seiner Frau hergelaufen. Wie wir später erfahren haben, haben die gedacht: »Aha, der hat mit dem Pfarrer gesprochen. Das ist nicht hier, das ist woanders. Wir gehen mal hinterher. Der weiß jetzt, wo das ist.« Da sind also die zwei durchs Schuhmachergässchen Richtung Markt gegangen, und die anderen hinterher. Und das war nachher die sogenannte »nicht genehmigte Demonstration« in den Stasiakten. Riesige Aufregung. Da sieht man mal, wie irre das ist, wenn man Geschichte wirklich verfolgt: Was für Fehlschlüsse, was für Sinnlosigkeiten manchmal dahinterstecken können.

Später am Nachmittag war ich noch mit anderen auf dem Markt, dort wurden besondere Vorkehrungen getroffen für die Auszählung. Es waren etliche da auf dem Platz, aber in Zivil, und als wir aus dem Wahllokal am Nikolaikirchhof herauskamen, da kam eine Truppe und hat uns sozusagen abgedrängt, sodass ich zum Beispiel nicht nach Hause konnte. Wir waren alle wie in einer Falle, und die kontrollierten jeden und gerieten mit einem Mal mächtig in Verwirrung, weil – was die nicht wussten – um 18 Uhr die Leute aus dem katholischen Gottesdienst kamen: lauter Omchen mit dem Gesangbuch.

Die waren total verwirrt, was das jetzt wieder für eine nicht genehmigte Demonstration ist. Die kamen völlig durcheinander. Und ich weiß noch: Die wollten mich dort festhalten. Da ist meine Frau gekommen und hat gesagt: »Wir gehen jetzt nach Hause«, und da fragt der: »Wieso nach Hause?« Meine Frau und ich sagen: »Na, wir wohnen hier.« – »Ausweis! ... Nikolaikirchhof, wo ist denn das?« Der stand auf dem Nikolaikirchhof! Das waren irgendwelche Polizeikräfte aus Berlin. Da sind wir dann einfach gegangen. Es war ein einziges Durcheinander und die Leute sind einfach so wieder herausgekommen, soweit ich weiß, wurden gar nicht viele verhaftet. So chaotisch ging die Wahl aus. Wir haben später erfahren, dass mindestens 15 Prozent der Stimmen bei den Auszählungen Neinstimmen waren. Das ist dann in einer Broschüre »Der Wahlfall« veröffentlicht worden.

Das Wort »Reform« hatte seit Mitte der 80er-Jahre durch Gorbatschow einen neuen Klang bekommen. Welche Bedeutung hatte für Sie dieses Wort?..............................
..
Reform ist ja eigentlich etwas Schönes, aber man konnte sich nicht vorstellen, dass dieser real existierende Sozialismus reformierbar war. Das hat sich ja auch gezeigt. Stattdessen haben sie solche Bezeichnungen wie »mit menschlichem Antlitz« ausgegeben. Aber man hat ja 1968, als in Prag Reformen stattfanden, die wirklich auch die Bezeichnung »Reform« verdienten, gesehen, wie die militärisch niedergeschlagen wurden. Nämlich so, dass auch keine Hoffnung bestand, dass hier in der DDR Reformen möglich wären. Und Gorbatschow hatte 1985 die Welt überrascht mit »Glasnost« und »Perestroika«. Das war das erste Mal, dass in der politischen Welt nicht amerikanische Fachausdrücke herumgeisterten, sondern zwei russische Worte, die sie im Westen nun alle lernen mussten. Die DDR hat ja darauf ganz rüde reagiert. Sie waren wirklich uneinsichtig bis zum Gehtnichtmehr: »Sputnik« wurde verboten. Das war schon eine

aufregende Sache, dass plötzlich ein sowjetisches Druckerzeugnis interessant wurde, viel gekauft und dann verboten, eingezogen wurde. Da sieht man: Das Wort »Reform« passte in der DDR auch in seiner schwächsten Form nicht. Auch wenn man den Honecker gesehen hat, der so hölzerne Reden hielt, dass Gorbatschow darauf nur sagen konnte: »Wer zu spät kommt, den bestraft das Leben.« Das sagte er am Freitag, am Abend vor dem DDR-Feiertag. Mit Reformen war wirklich nicht zu rechnen. Und wir wollten zunächst einmal nur Menschenrechte einklagen, wollten überall da, wo sie verletzt wurden, für diese Menschen eintreten und der Mund der Stummen sein. Wir in den kirchlichen Gruppen wollten weder die DDR abschaffen noch eine Revolution machen, sondern wir wollten einfach ganz normal für die Menschen im Sinne Jesu eintreten. So ist eins aus dem anderen geworden, und was Gott aus diesem Senfkorn hat wachsen lassen, das ist einmalig in der deutschen Geschichte: eine friedliche Revolution mit den Slogans »Keine Gewalt« und »Wir sind das Volk«. »Keine Gewalt« – das ist die kürzeste Zusammenfassung von Jesu Bergpredigt, und dass »keine Gewalt« nicht nur gerufen, sondern auch praktiziert wurde: Friedrich von Weizsäcker hat einmal zu mir gesagt »ein erschütternder Vorgang«. Ich setzte noch eines drauf und sagte: »Es ist ein Wunder biblischen Ausmaßes.« Aber Reformen, die waren von Staatsseite nicht zu erwarten und nicht möglich, würde ich sagen. Das haben wir eigentlich alle so gesehen.

War für Sie der Sozialismus reformfähig?................
....
Nein. Der Sozialismus in seiner Grundidee ist ein säkulares Kind des Neuen Testaments, der Reich-Gottes-Verkündigung von Jesus, aber mit drei entscheidenden Fehlern. Sie haben viel übernommen und in Bezug auf Jesus vom Urkommunismus gesprochen, Apostelgeschichte 2, gemeinsame Kasse, gemeinsamer Besitz, keine Klassenunterschiede und so weiter.

Der eine Fehler war: Sie wollten das Reich Gottes selbst herstellen und das ist in der Geschichte immer schiefgegangen. Alle diese Weltverbesserer, die edelmütig angetreten sind, unter denen ist es regelmäßig und ohne Ausnahme zu einer gnadenlosen Diktatur gekommen, so wie Lenin gesagt hat: »Wenn die Leute das nicht verstehen, dann müssen wir sie zu ihrem Glück zwingen.« Das ist der Anfang von Folter, Gewalt, Verhaftung, bis zur gnadenlosen Diktatur, bis hin zur Baader-Meinhof-Gruppe. Jesus hat gesagt, das Reich Gottes wird von Gott herbeigeführt werden. Wir können dieses Reich Gottes nicht selbst herbeiführen; wenn wir auf Jesus sehen, wissen wir aber, wie es ist, denn er hat das Reich Gottes zeichenhaft vorgelebt. Alles, was wir in diesem Sinne tun, das ist heute schon von morgen, und alles, was wir dagegen tun, ist heute schon von gestern, auch wenn es heute noch voll in Blüte steht. Und das war der erste entscheidende Fehler. Und die zwei anderen wesentlichen Punkte, an denen der Sozialismus gescheitert ist, sind die totale Ablehnung der Gottesfrage und das falsche Menschenbild gewesen. Sie haben gedacht: Wenn wir die Leute lange genug rot bestrahlen, dann werden die auch rot. Und genau das stimmt nicht. Da hat die Bibel ein wesentlich realistischeres Menschenbild. Paulus sagt: »Das Gute, das ich tun will, tue ich nicht. Das Böse, das ich nicht tun will, das tue ich.« Na, erklär das mal jemandem. Diese Spannbreite, dass alles Liebe und alles Entsetzliche bei jedem Menschen möglich ist, diese ganze Palette ist in jedem Menschen angelegt. Die Bibel hat dafür einen Fachausdruck: die Sünde. Da steckt das Wort »Absondern« im Deutschen drin. Karl Marx hat, finde ich, die beste Übersetzung gefunden: Entfremdung. Sünde heißt, sich vom Mitmenschen und von Gott zu entfremden. Und diese realistische Sicht des Menschen hatte der Sozialismus nicht. An dieser Gottesfrage und an dieser total falschen Menschensicht mussten sie über kurz oder lang scheitern und sind sie gescheitert.

In der DDR war der Alltag politisch. Deshalb suchten sich viele Menschen unpolitische Nischen. Im Jahr 1989 änderte sich das. Wann verließen Sie Ihre Nische? Wann wurden Sie von der Revolution erfasst? ....
....

Ich hatte überhaupt nie eine Nische. Ich stand als Pfarrer immer auch in der Auseinandersetzung mit dem Staat. Und schon von Kind an war das so, denn ich bin Pfarrerskind, da kann man sich nicht verstecken. Erstaunlicherweise bekam ich einen Platz an der Erweiterten Oberschule, ich weiß bis heute nicht wieso. Und da gab es ständig die Auseinandersetzung, diese Kämpfe. Es war immer eine offensive Sache. Ich hab das »den Kampf, der uns verordnet ist« genannt, den Kampf, den wir uns nicht aussuchen. Immer wenn ich gesagt habe, dass ich Theologie studiere oder studieren wollte, beim Trampen oder wenn ich im Sommer in Betrieben gearbeitet habe, dann fingen sofort die Auseinandersetzungen und Gespräche an. So ging das eigentlich mein Leben lang. Nische klingt so, als ob man sich da versteckt und nicht gesehen wird. Die Nikolaikirche war keine Nische. Sie war ein riesiger öffentlicher Raum, offen für alle. Ich erinnere mich daran, dass ich in dem kleinen Ort, in dem wir vorher waren, in Lastau und Colditz, schon oft in Predigten deutlich geworden bin. Am Sonntag, dem 7. Oktober 1979, dem 30. Jahrestag der DDR, habe ich den Predigttext getauscht, ich habe Jesaja 7 Vers 9 genommen: »Glaubt ihr nicht, so bleibt ihr nicht« und darüber gepredigt. Das gab einen Riesenrummel und Rumoren. Zehn Jahre und zwei Tage später wurde daraus: »Sie glaubten nicht und sie blieben nicht.« Wir sind immer offensiv gewesen, wir haben geradezu das Sammelbecken gebildet für die kritischen Leute, für die kritischen Jugendlichen, die bei uns alles aussprechen konnten und ausgesprochen haben. Sie sind aus ihrer privaten Nische gekommen, und in der Kirche fanden sie den einzigen öffentlichen Freiraum, den es in der DDR gab.

Seit dem Beginn der Sommerferien 1989 flohen Tausende DDR-Bürger in den Westen. Was ging in Ihnen vor, als Sie die TV-Bilder von der Massenflucht sahen?

Das hat gegensätzliche Gefühle ausgelöst. Einmal Trauer, dass die Menschen überhaupt genötigt waren, zu fliehen und ihre Heimat zu verlassen. Ich wusste aus dem Ausreisekreis, dass es vielen auch sehr schwergefallen ist. Und dieses Bild, als sie über die Grenze hetzten und drüben dann jubelten: »So sehen Befreite aus.« Das war für mich ein ganz schwieriges Bild, muss ich sagen. Andererseits war ich froh, dass wir den Menschen hier im Ausreisekreis wieder Hoffnung und Stabilität geben konnten, dass sie ihre psychosomatischen Krankheiten ablegen konnten. Und als es dann möglich war, dieses Ghetto zu verlassen, musste ich mich natürlich mit den Leuten freuen, dass es ihnen gelungen ist. Aber es war durchaus Trauer da, dass die guten Leute hier weggehen.

Warum sind Sie in der DDR geblieben?

Das ist ganz hundertprozentig und eindeutig zu beantworten. Ich bin von Beruf und Berufung Pfarrer, und zwar hier und an dieser Stelle. Wir haben gesagt: »Hier hat uns Gott hingestellt.« Hier habe ich das Kämpfen und die Auseinandersetzung mit den Genossen von Kindheit an gelernt. Das ist ein Platz, den kann kein anderer einnehmen. Da gab es niemals den Gedanken wegzugehen.

Was ging Ihnen durch den Kopf, als Sie die Bilder von Hans-Dietrich Genscher auf dem Prager Balkon sahen? Was bedeutete damals für Sie dieser Schrei der Menschen?

Dieser Schrei war einerseits, wie Karl Marx sagen würde, der Schrei der gequälten Kreatur: »Raus!« Und andererseits dachte ich auch:

Wie weit ist es mit unserem Land gekommen, dass die Menschen so schreien vor Freude, wenn sie hier rauskommen? Wie hat dieses Land sie fertiggemacht? In welche Situation hat es sie gebracht? Das war wirklich ein Schrei, der die DDR ins Mark getroffen hat.

Ende September gab es die ersten größeren Demonstrationen in der DDR. Wie haben Sie damals diese ersten Zeichen des Aufbruchs erlebt? ....
....
Das waren für uns gar keine ersten Zeichen des Aufbruchs, Demonstrationen gab es 1988 schon. Doch hier ging es nun richtig zur Sache. Am 4. September sollten wir unbedingt das Friedensgebet um eine Woche verschieben, weil in Leipzig Messewoche war. Da hatten die westlichen Journalisten eine pauschale Drehgenehmigung. Sie konnten ungefragt überall im öffentlichen Raum filmen, wofür sie sonst nie eine Genehmigung bekommen hätten. Das war ein ganz wichtiger Punkt. Als wir aus der Kirche herauskamen, stand da ein riesiger Halbkreis von westlichen Kameras, die haben uns alle gefilmt. Erst hab ich mich geärgert und gedacht, die nehmen der Stasi die Arbeit ab und filmen uns alle. Doch dann wurde die Bedeutung völlig klar. Ein paar unserer Jugendlichen entrollten ein Laken mit dem Spruch »Für ein offenes Land mit freien Menschen«. Das hing so etwa zehn Sekunden in der Luft, dann wurde es heruntergerissen – aber vor laufender westlicher Kamera! Und das wurde abends um 20 Uhr in der Tagesschau gesendet: »Nach dem Friedensgebet in der Nikolaikirche«. So hat ganz Westdeutschland zum ersten Mal erfahren, was hier eigentlich schon lange passierte, was aber natürlich noch nicht bekannt war. Und, was nicht zu verachten war: Die DDR guckte ja auch Westfernsehen. So hat es auch die ganze DDR erfahren. Das hatten wir ja selbst in solch einer Weise gar nicht verbreiten können, und so kamen dann viel mehr Leute aus allen Teilen der DDR. Es hat viele Friedensgebete und Zusammenkünfte gegeben

überall in der Republik. Aber hier in Leipzig hat sich das konzentriert an diesem 9. Oktober, der dann der Durchbruch, der Tag der Entscheidung war. Ohne ihn hätte es einen Monat später keine Maueröffnung gegeben und erst recht keinen 3. Oktober 1990.

Im September wurde das Neue Forum gegründet. Der Name »Neues Forum« wurde bald zu einem Markenzeichen für Reformwillige. Wie standen Sie zum Neuen Forum bzw. zu den anderen neuen Oppositionsgruppen?............................
....

Es war ganz wichtig, dass hier ein Stück Demokratie eingeklagt wurde, was in jedem demokratischen Land das Normalste der Welt ist. Und es ist gerade jetzt in diesem Zusammenhang interessant, dass am 21. November 2008 an mich und die sieben Sprecher des Neuen Forums die »Heiße Kartoffel« verliehen wird. Dieser Preis bezieht sich genau darauf, dass diese Leute etwas gemacht haben, was in der DDR nicht sein durfte. Sie haben gesagt: »Jetzt werden wir das anpacken. Wir gründen das Neue Forum.« Das war ganz wichtig.

Gab es für Sie im Jahr 1989 einen Punkt, an dem Sie für sich eine unwiderrufliche Entscheidung zu treffen hatten, die Sie sich reiflich überlegen mussten? – Wenn ja: Welche Entscheidung mussten Sie treffen? Welche Faktoren waren ausschlaggebend?........
....

Solche Entscheidungen mussten wir eigentlich seit Jahren immer wieder treffen: Machen wir eine Aktion, die die Jugendlichen vorschlagen, oder machen wir sie nicht? Das war immer sehr knifflig. Für mich galt als Messlatte: Was würde Jesus dazu sagen? Das war immer mein Entscheidungsgeber. Wenn ich aus meiner Kenntnis des Evangeliums dann sagte, ja, das müssen wir machen, um unseren Glauben nicht zu verleugnen, dann wurde es gemacht. Solche schweren Entscheidungen waren am laufenden Band zu treffen. Die schwierigste Entscheidung lag aber beim Landeskirchenamt, das immer wieder dermaßen vom Staat bedrückt wurde, die Friedensgebete abzustellen. Er war oft ein hartes Ringen mit dem Bischof und mit dem Landeskirchenamt: Wie ist es richtig? Für mich war im Mai 89 ganz wichtig, dass sich der Kirchenvorstand hinter mich gestellt hat mit dem Votum: »Wir stehen voll hinter der Person und Verkündigung von Pfarrer Führer.« Das war außerordentlich bedeutend im Bereich der Kirche, sodass auch das Landeskirchenamt und der Bischof nochmals sagten: Den Pfarrer Führer können wir jetzt nicht dort wegnehmen und, wie der Staat gerne wollte, irgendwo in die Prärie versetzen, damit erstmal Ruhe einkehrt.

Der 9. Oktober war dann der größte Tag, dieses Unter-Druck-Stehen von früh an, das bürgerkriegsähnliche Szenario, die Hunderte von Anrufen und die Entscheidung, diesen Weg weiterzugehen. Was das Schwierigste war, haben nur wenige ausgesprochen: »Ihr provoziert den Staat so sehr, die können nur noch mit Gewalt antworten. Und ihr seid für das Blutvergießen verantwortlich.« Diese furchtbare Angst schwebte immer über uns. Und trotzdem zu sagen: Nein, wenn wir uns wirklich auf Jesus berufen und verlassen, dann ist das einfach notwendig und wir werden sehen, wie Gott es hinausführt. Schwere Entscheidungen waren schon vorher zu treffen, zum Beispiel den Gesprächskreis »Hoffnung für Ausreisewillige« zu gründen, jeden Tag Fürbittenandachten für die Berliner Verhafteten im Januar/Februar 1988 zu halten, weil sie immer mit enormen staatlichen Reaktionen verbunden waren, aber das Allerschwierigste war die Woche vom 2. bis zum 9. Oktober.

Gab es für Sie im Herbst 1989 einen Moment der Angst? Vor was haben Sie sich gefürchtet? Wie haben Sie reagiert?

Wir hatten ständig Angst, doch der Glaube war immer ein Stück größer als die Angst. Manchmal hat es sogar zu Humor gereicht.

Der ist übrigens ein wichtiger Bruder des Glaubens, wird aber in der Kirche nicht so sehr geschätzt. Dabei ist es eine solche Befreiung, wenn man Menschen, die in Angst sind, mal zu einem Lächeln bringt oder gar zu einem Lachen. Das war eine tolle Sache, je bedrückender es wurde, umso eher ist das auch mal gelungen.

Furcht und Angst sind zwei verschiedene Dinge. Furcht – vor einem Hund oder davor, vom 10-Meter-Brett zu springen – ist etwas Konkretes. Dieser Furcht kann man ja auch ausweichen. Aber der Angst, der kann man nicht ausweichen, Angst ist das diffuse Gefühl, das die Menschen von innen her überschwemmt. Es hat zwar auch kleine konkrete Anhaltspunkte, ist aber ein allgemeines, viel schlimmeres Gefühl, das lebensfeindlich ist und Mut und Hoffnung nehmen will. Angst kann man nur mit dem Glauben überwinden. Wie Jesus sagt: »In der Welt habt ihr Angst – so ist das, ihr müsst euch nicht dafür schämen –, aber seid getrost, ich habe die Welt überwunden« oder: »Unser Glaube ist der Sieg, der die Welt überwunden hat.« Mit dem Glauben konnte man diese Angst immer wieder bewältigen. Aber sie war permanent da. Man ist auch krank geworden. Das war ja die Absicht der Stasi, sie hatten gegen mich und meinen Kollegen Christoph Wonneberger einen operativen Vorgang laufen. Dieser operative Vorgang beinhaltete zehn Punkte mit dem Ziel: Zersetzung der Persönlichkeit. Da kann man sich mit einiger Phantasie schon etwas darunter vorstellen.

Welche glücklichen Momente verbinden Sie mit dem Herbst 1989
....
Die glücklichen Momente sind zunächst auch immer gemischt mit der Anstrengung. Ein glücklicher Moment ist: Du stehst früh auf, hast zwar Angst, aber sagst: »Ohne dich läuft das nicht. Du darfst die anderen nicht im Stich lassen.« Das Gefühl, gebraucht zu werden, und vor allen Dingen das Gefühl, für andere da zu sein, für andere etwas zu machen – das ist ein richtig christliches Gefühl und deswegen auch

so positiv besetzt. Doch davor kommen noch zwei Dinge: einmal das große Glücksgefühl, dass meine Frau und unsere vier Kinder das alles mitgetragen haben. Das hätte ich sonst nicht geschafft, das muss ich deutlich sagen. Und das zweite Glücksgefühl ist, wie schon berichtet, dass die Frauen und Männer des Kirchenvorstandes sich so eindeutig hinter mich gestellt haben – oder vor mich, wie man will.

Das größte Glücksgefühl, das ich auch mein Leben lang nicht vergessen werde, hatte ich, als wir am 9. Oktober die Nikolaikirche verlassen wollten und der Platz übersät war mit Menschen, die Kerzen in der Hand hatten. Dass diese Menschen, die in so wechselnden Weltanschauungsdiktaturen atheistischer Art groß geworden waren – bei den Nazis mit Herrenrassendünkel, Kriegsvorbereitung, »Vorsehung«, nichts mit Gott, und bei den Realsozialisten mit Klassenkampf und Feindbild. »Euer Gefasel von Gewaltlosigkeit ist gefährlicher Idealismus. Euern Jesus hat es nicht gegeben, alles Quatsch, Märchen, Legende. In der Politik zählen Geld, Armee, Wirtschaft, Medien, alles andere kannste vergessen« – dass Menschen, die so erzogen worden waren, Jesu Geist der Gewaltlosigkeit aufgenommen und in zwei Worte gefasst haben: »keine Gewalt« – und das auch praktiziert haben! Dass eine Revolution, die sozusagen in der Kirche herangewachsen ist und auf der Straße praktiziert wird in einem unchristlichen Land, dass eine Selbstbefreiung aus einer Diktatur stattfindet, das ist in der deutschen Geschichte ein einmaliger Vorgang. Und dass ich dabei sein konnte, dass ich von Gott her eine bestimmte Rolle spielen konnte, das bdeutet eigentlich das glücklichste Gefühl in meinem Leben, das ich immer behalten werde.

Welche Rolle haben aus Ihrer Sicht die Kirche und der Glaube im Herbst 1989 gespielt?................................
....

Die haben eine entscheidende Rolle gespielt. Wo die Revolution zur gleichen Zeit ohne Kirche abgelaufen ist – in Rumänien, weil die orthodoxe Kirche mit dem Ceaucescu-Regime liiert war –, da ist es vollkommen blutig ausgegangen. Da wurden mit Eisenstangen Menschen totgeschlagen, Ceaucescu und seine Frau wurden erschossen und so weiter. Da sieht man, dass die Kirche eine außerordentlich wichtige Rolle spielt. Und noch etwas: Die Kirche hat oftmals die Bergpredigt als Jenseitsethik verunglimpft: »Damit kann man keine Politik machen.« Aber wir haben Jesus so richtig beim Wort genommen und haben gezeigt, dass es nicht nur Geld, Armee, Wirtschaft, Medien gibt, sondern eine große segnende Gotteskraft, die Veränderungen schafft ohne Blutvergießen. Es ging keine Fensterscheibe kaputt, keiner wurde, wie sonst bei den Revolutionen, geschlagen, gefoltert und aufgehängt. »Friedliche Revolution« ist eigentlich ein Unding und beide Begriffe passen in der Geschichte eigentlich nicht zusammen, Revolution ist ja immer blutig. Aber weil sie hier im Geist Jesu vor sich ging, da passt es zusammen: nur hier, bei unserer friedlichen Oktoberrevolution. Das ist für mich das Größte.

Warum blieb die Revolution friedlich?

Weil der Geist Jesu die Menschen ergriffen hat und zu einer friedlichen Gewalt wurde, sodass sie nicht geschlagen haben, wenn sie geschlagen wurden. Aber es hätte kein Mensch vermutet, dass das in diesem Land passiert.

20 Jahre sind seit der Revolution vergangen. Was ist vom Aufbruch 1989 geblieben?

Zunächst einmal ist ja eine Demokratie eingezogen, die Diktatur beendet worden, und es sind fast alle Forderungen erfüllt worden, sehr viele materialistische, aber auch die, das Neue Forum zuzulassen, freie Wahlen zu ermöglichen und offene Grenzen zu schaffen. Das ist ein ungeheuer wichtiger Aspekt, den man jetzt natürlich auf

Grund neuer Schwierigkeiten sehr schnell zu vergessen geneigt ist. Wir dürfen jedes Buch kaufen. Wie haben wir darunter gelitten in DDR-Zeiten: nur über Freunde, im Waschmittelpaket aus dem Westen geschickt oder zur Messe mitgebracht ... Jetzt haben wir das alles. Und das ist nun für viele schon so selbstverständlich geworden, dass sie sich an die Dinge hängen, die jetzt nicht klappen. Es ist aber eine ganze Menge passiert. Wir dürfen es nur nicht vergessen.

Und dann ist auch noch zu sagen: Den großen Problemen, die es heute gibt, wenden wir uns weiter zu. Die Friedensgebete gehen weiter. Wir machen dasselbe, nur unter geänderten gesellschaftlichen Bedingungen: Wir treten ein für die Menschen, die jetzt auch in diesem System Schwierigkeiten haben. Ich nenne nur das Stichwort Arbeitslosigkeit. Kein System darf heilig gesprochen werden, jedes System muss im Sinne Jesu vermenschlicht werden, und auch jetzt haben wir genug zu tun.

Wolfgang Thierse (geb. 1943 in Breslau, katholisch, verheiratet, zwei Kinder), erlernte nach dem Abitur in Weimar den Beruf des Schriftsetzers, studierte ab 1964 an der Humboldt-Universität zu Berlin, wo er danach als wissenschaftlicher Assistent im Bereich Kulturtheorie/Ästhetik tätig war. Weitere Stationen der beruflichen Laufbahn: 1975-1976 Mitarbeiter im Ministerium für Kultur der DDR; 1977-1990 wissenschaftlicher Mitarbeiter im Zentralinstitut für Literaturgeschichte an der Akademie der Wissenschaften der DDR.

Anfang Oktober 1989 unterschrieb Wolfgang Thierse beim Neuen Forum; Anfang Januar 1990 trat er der SPD bei, war von Juni bis September 1990 Vorsitzender der SPD/DDR, Mitglied der Volkskammer vom 18. März bis 2. Oktober 1990, stellvertretender Fraktionsvorsitzender und zuletzt Fraktionsvorsitzender der SPD/DDR. Er ist Mitglied des Bundesvorstandes des SPD und seit dem 3. Oktober 1990 Mitglied des Bundestages, war von 1990-1998 stellvertretender Vorsitzender der SPD-Fraktion, von 1998-2005 Präsident und ist seit Oktober 2005 Vizepräsident des Deutschen Bundestages.

Wann haben Sie im Jahr 1989 zum ersten Mal gespürt, dass sich in der DDR etwas ändert? Wie haben Sie darauf reagiert? ....
....

Nicht erst 1989 hatte ich den Eindruck, dass das nicht mehr lange gutgehen kann. Aber ich war natürlich nicht sicher, und ich hatte auch keine prophetische Gabe, durch die ich gewusst hätte, dass es nun bald zu Ende geht. Aber die Widersprüche zwischen Anspruch und Wirklichkeit, zwischen dem, was die SED behauptete, was in den Zeitungen stand, und dem, was ich erlebt und gesehen habe, wurden immer größer und unüberwindbarer. Daran erinnere ich mich sehr gut. Zum ersten Mal wurde auch sichtbar, dass sich die DDR im Widerspruch zu Entwicklungen in der Sowjetunion befand. Veränderungen, Reformen und Öffnungen, die in der Sowjetunion stattfanden, wurden in der DDR abgelehnt. Das löste Unruhe in der SED aus. Solchen Widerspruch hatte es vorher nie gegeben. Vorher hatte die SED immer brav der Sowjetunion Folge geleistet. Die DDR war der Musterschüler. Und nun gab es zum ersten Mal solche nicht zu überdeckenden Widersprüche. Ich kann kein konkretes Datum angeben, ab wann mir dies aufgefallen ist. Aber diese Widersprüche zwischen Anspruch und Wirklichkeit, zwischen dem, was behauptet wurde, und dem, was ich gesehen habe einerseits und die Widersprüche zwischen KPdSU und SED andererseits, wurden im Jahr 1989 immer sichtbarer. Ich erinnere mich an das Verbot des »Sputnik« oder an die Äußerung von Kurt Hager, wenn der Nachbar tapeziere, müssten wir noch lange nicht tapezieren. Dazu kommen subjektive Wahrnehmungen über den Zustand der DDR-Wirtschaft. Da waren die Berichte von Bekannten einerseits und andererseits die Jubelberichte in den Zeitungen. Beide Seiten waren immer weniger miteinander in Deckung zu bringen. Auch diese Beobachtungen gehören zu den Entwicklungen der Jahre 1986 bis 1989.

Ich habe das alles mit zunehmender Skepsis über die weitere Entwicklung der DDR beobachtet. Ich war nie ein Anhänger der SED, nie Mitglied und auch nie Kommunist. Ich habe immer in einem kritischen Verhältnis zu dem Staat gestanden, ohne zu wissen, wie man ihn tatsächlich überwinden könnte.

Wie haben Sie die Kommunalwahlen im Mai 1989 erlebt? . . . .
. . . .
Zunächst habe ich die Kommunalwahlen ganz alltäglich erlebt: Ich bin mit meiner Frau zur Wahl gegangen und habe mit »Nein« gestimmt. Wir wussten auch, dass sich viele andere Menschen ebenso verhalten wie wir. Wir hatten aus dem Freundes- und Bekanntenkreis auch mitbekommen, dass die Beobachtungen durch Bürgerrechtsgruppen zunehmen. Deshalb war uns blitzartig klar, dass das übliche DDR-Wahlergebnis nicht stimmen konnte. Ich habe das als eine letzte Orgie der Verlogenheit der DDR empfunden.

Das Wort »Reform« hatte seit Mitte der 80er-Jahre durch Gorbatschow einen neuen Klang bekommen. Welche Bedeutung hatte für Sie dieses Wort? . . . .
. . . .
Ich habe immer gehofft, dass es in diesem DDR-Sozialismus noch Änderungen gibt. Seit 1961 waren wir eingesperrt. Wir wussten: Uns hilft niemand von außen, auch nicht aus dem Westen. Aber ich habe Hoffnungen darauf gesetzt, dass die Entspannungspolitik von Willy Brandt die Konfrontationssituation verringert und die Schützengrabenatmosphäre abbaut. Und dass dann, gewissermaßen in einer entspannteren Situation, Änderungen, also Reformen, auch innerhalb der DDR möglich sind. Dazu haben für mich unter anderem menschliche Erleichterungen – im Sinne von besseren Reisemöglichkeiten – und eine entspanntere Atmosphäre gehört, die mehr innere Freiheiten ermöglichte. Das waren lauter Hoffnungen, die in den Jahren zuvor immer wieder enttäuscht worden waren. Diese Hoffnungen wurden nach den großen Enttäuschungen von

1968 und 1976 nun noch einmal neu geweckt. Sie wurden genährt durch den Gorbatschowschen neuen Kurs. Glasnost und Perestroika waren sichtbare Reformanstrengungen, um das kommunistische System innerhalb der Sowjetunion zu lockern. Dazu gehörten mehr Meinungsfreiheit, mehr journalistische Freiheit und wirtschaftliche Vernunft. Dies bedeutete wieder eine kleine Hoffnung für mich. Umso enttäuschter war ich dann, dass die SED-Führung das strikt ablehnte. Ich wurde dadurch in einer Vermutung bestätigt: Diese Art von kommunistischem Sozialismus ist nicht reformierbar.

War für Sie der Sozialismus reformfähig?

Eingesperrt, wie wir seit 1961 waren, gehörte es gewissermaßen zu den Überlebensbedingungen in der DDR, darauf zu hoffen, dass doch wirtschaftliche Verbesserungen, politische Liberalisierung und menschliche Erleichterungen möglich sein sollten. Diese Hoffnungen sind aber immer wieder enttäuscht worden. So konnte ich am Schluss nicht mehr glauben, dass dieser kommunistische Sozialismus überhaupt reformierbar ist. Mit dem Ende der Sowjetunion und dem Ende des SED-Staates hat sich das ja letztendlich bestätigt.

In der DDR war der Alltag politisch. Deshalb suchten sich viele Menschen unpolitische Nischen. Im Jahr 1989 änderte sich das. Wann verließen Sie Ihre Nische? Wann wurden Sie von der Revolution erfasst?

Ich war von Kindesbeinen an ein politischer Mensch. Ich wollte aber nie in die SED oder in eine der Blockparteien eintreten, also auch nicht in die Ost-CDU. Mir erschien dieses Ausmaß an Verlogenheit und Unterwerfung, das in diesen Parteien verlangt wurde, unmöglich. Mir ist es dann im Jahr 1989 so gegangen wie vermutlich vielen anderen Menschen auch. Ich hatte das immer drängendere Gefühl: Wenn ich jetzt nicht auch mit auf die Straße gehe, demonstriere, mich an den öffentlichen Diskussionen beteilige und für eine Änderung der DDR sorge, dann werde ich mich mein ganzes weiteres Leben lang vor meinen Kindern und mir selbst schämen. Ich glaube, es ging ganz vielen Menschen so, dass sie ihre Ängste oder Resignation überwunden haben und plötzlich eine Chance sahen: Vielleicht können wir nun doch etwas ändern. Vorher war ja diese Chance viel geringer, und mit einem Mal war sie da. Das hatte tatsächlich viel mit Gorbatschow und den Entwicklungen in Polen und Ungarn zu tun.

Ich bin im September in Berlin auf die Straße gegangen, habe an Demonstrationen und Versammlungen in den Kirchen teilgenommen. Ich kann mich besonders an Diskussionsveranstaltungen in der Gethsemanekirche erinnern. Ich war ja ein ganz normaler, kleiner DDR-Bürger. Ich kann mich noch gut an meine Gefühle erinnern: Ich bin diesen Debatten aufgeregt, hoffnungsvoll, fiebernd und leidenschaftlich gefolgt und habe mich auch daran beteiligt.

Seit dem Beginn der Sommerferien 1989 flohen Tausende DDR-Bürger in den Westen. Was ging in Ihnen vor, als Sie die TV-Bilder von der Massenflucht sahen? . . . .
. . . .

Ich hatte zwiespältige Gefühle: Einerseits verstand ich diejenigen sehr gut, die wegliefen. Ich kannte ihre Fluchtmotive und teilte diese. Die Flüchtenden hatten mein Mitgefühl. Ich hoffte für sie, dass ihnen ihre Flucht gelang. Aber ich fühlte auch Trauer, weil so viele wegliefen. Vielleicht brauchten wir sie im eigenen Land? Wir wollten ja, dass sich dieses Land ändert, dass wir in diesem Land anders leben können als bisher. Es war also ein wirklich zwiespältiges Gefühl: Ich verstand alle Fluchtgründe und trotzdem gab es Trauer.

Warum sind Sie in der DDR geblieben?

Das lag an einer Mischung aus Trotz, Bequemlichkeit und Angst sowie an der Überzeugung, dass man da bleiben müsse, wo man von Gott hingestellt worden war. Aber es gab auch ganz lebenspraktische Gründe: Ich war verheiratet und hatte kleinere Kinder. Unsere Tochter ging bereits seit einer Weile in die Schule und unser Sohn hatte gerade mit der Schule begonnen. Da geht man nicht so leicht weg. Ich hatte einen Beruf, von dem ich nicht wusste, ob ich ihn in Westdeutschland ausüben könnte. Auch das hat mich am Weggehen gehindert. Und dann war da auch noch dieses Gefühl von Freundschaft und Solidarität mit der eigenen Familie und mit den vielen Freunden, mit denen ich ja zusammen die Jahrzehnte zuvor verbracht hatte. Auch diese Treue hat mich festgehalten. Und dazu kamen eben auch die Angst und die Bequemlichkeit. Es war ein Mix aus den verschiedensten Motiven, weshalb ich in der DDR geblieben bin.

Was ging Ihnen durch den Kopf, als Sie die Bilder von Hans-Dietrich Genscher auf dem Prager Balkon sahen? Was bedeutete damals für Sie dieser Schrei der Menschen?

Wenn ich mich richtig erinnere, war ich erleichtert. Ich konnte mir sehr gut vorstellen, wie diese Tausende Menschen zitterten und hofften, dass sie befreit würden. Ein bisschen habe ich auch mitgeweint vor Freude mit denen, die da vor Freude geschrien und geweint haben. Und es war auch ein Gefühl der politischen Erleichterung. Wie hätte das weitergehen sollen? Sollten wochen- und monatelang Bürger eingesperrt werden? Das war doch ein unhaltbarer Zustand! Dazu kam bei mir noch der Hintergedanke: Das wird Folgen haben. Das kann die DDR-Führung nicht zurückholen. Da sind vor den Augen der Welt Tausende von geflüchteten Menschen in den Westen entlassen worden. Das kann die Regierung nicht mehr rückgängig machen. Das muss Auswirkungen haben. Natürlich wusste ich nicht, wie das sein würde, aber es gehörte für mich mit zu dem Gefühl der Erleichterung.

Ende September gab es die ersten größeren Demonstrationen in der DDR. Wie haben Sie damals diese ersten Zeichen des Aufbruchs erlebt?

Ich habe das in einer Mischung aus Staunen und Begeisterung über den unerwarteten und bis dahin unvorstellbaren Mut der Menschen erlebt. Durch dieses lange Eingesperrtsein, die Unterwerfung, die von uns abverlangt worden ist, hatten wir DDR-Bürger doch von uns selbst den Eindruck, dass wir ängstlich, lahm und phantasielos sind. Und nun gab es plötzlich diesen Ausbruch an Mut. Zunächst waren gar nicht so viele Menschen daran beteiligt. Aber ich habe gesehen, dass Mut ansteckend sein kann. Das ist für mich eine unerhörte Erinnerung. Das begeistert mich noch heute.

Im September wurde das Neue Forum gegründet. Der Name »Neues Forum« wurde bald zu einem Markenzeichen für Reformwillige. Wie standen Sie zum Neuen Forum bzw. zu den anderen neuen Oppositionsgruppen?

Ich habe bereits vor dem Herbst 1989 in verschiedenen Gesprächskreisen und Zirkeln mitdebattiert: Was ist möglich? Was können wir ändern? In welche Richtung muss die Entwicklung gehen? Im Herbst beriet ich mich dann mit meiner Frau: Wie beteiligen wir uns jetzt? Und dann entschieden wir uns: Ich ging ins Neue Forum und meine Frau ging zu Demokratie jetzt. Die Anliegen der Gruppen waren ja durchaus verwandt. Aber das Entscheidende war wohl, und das gilt in besonderer Weise für das Neue Forum, der Aufruf, die eigene Angst zu überwinden, öffentliche Debatten über die Zukunft der DDR in Gang zu setzen und den Alleinvertretungsanspruch der SED in Frage zu stellen. Und mir schien dieser erste Schritt, die eigene Angst zu überwinden, politische Öffentlichkeit herzustellen, ganz besonders wichtig und sympathisch. Und deswegen fand ich das Neue Forum besonders gut. Es erwies sich ja auch als die massenwirksamste Gründung einer Oppositionsgruppe, in die ich dann ebenfalls eingetreten bin.

Gab es für Sie im Jahr 1989 einen Punkt, an dem Sie für sich eine unwiderrufliche Entscheidung zu treffen hatten, die Sie sich reiflich überlegen mussten? – Wenn ja: Welche Entscheidung mussten Sie treffen? Welche Faktoren waren ausschlaggebend?........
....
Natürlich musste man überlegen: An welcher Versammlung nimmt man teil? An welchem Demonstrationszug nimmt man teil? Da konnte man aber immer noch sagen: Man ist einer von vielen. Man ist durch Anonymität »geschützt«. Aber dann, in dem Moment, als ich beim Neuen Forum unterschrieb, wusste ich: Diese Unterschrift kann irgendwann gegen mich verwandt werden. Und da habe ich schon überlegt. Denn ich wusste, dass ich für diese Unterschrift einstehen muss. Und wenn alles schiefgeht, kann es meine berufliche Zukunft, meinen Arbeitsplatz kosten. Ich hatte zwar keinen besonderen Arbeitsplatz, ich stand nicht an der Spitze einer Hierarchie. Aber als Geisteswissenschaftler in der DDR wusste ich, unter welchen ideologischen Zwängen das alles stattfand. Diese Unterschrift war also für mich eine wichtige Entscheidung, um zu sagen: Rückzug ist jetzt nicht mehr möglich.

Gab es für Sie im Herbst 1989 einen Moment der Angst? Vor was haben Sie sich gefürchtet? Wie haben Sie reagiert?..........
....
Es gab immer Ängste und Unsicherheiten. Ich werde nie jene Bemerkung von Egon Krenz vergessen: Er hatte in einer Äußerung das

Massaker auf dem »Platz des Himmlischen Friedens« in Peking im Frühjahr 1989 ausdrücklich verteidigt. Da wusste ich: Das ist eine Drohung. Es ist möglich, dass die SED und/oder die Sowjet-Führung Militär einsetzen, um die Demonstrationen mit Gewalt niederzuschlagen. Diese Angst hat mich immer begleitet. Das entscheidende Datum war aber dann die Demonstration am 9. Oktober in Leipzig, wo mehr als einhunderttausend Menschen demonstrierten und weder die NVA noch die Rote Armee noch die Kampfgruppen noch die Stasi eingesetzt wurden. Das war der Moment der Befreiung! Das war der Kulminationspunkt der Herbstrevolution! In dem Moment konnte ich ahnen: Jetzt muss es keine Gewalt mehr geben. Es war nicht ganz ausgeschlossen, aber ich konnte ahnen: Jetzt kann es gutgehen.

Welche glücklichen Momente verbinden Sie mit dem Herbst 1989?

Es gab viele glückliche Momente: die Entdeckung des eigenen Mutes, des Mutes der DDR-Bevölkerung, die Faszination, dass immer mehr Menschen auf die Straße gehen und öffentlich debattieren. Und dann war natürlich noch der 4. November mit der größten Demonstration in der DDR-Geschichte und vielleicht sogar der deutschen Geschichte. Das war ein besonders glücklicher Tag, weil ich gesehen habe, mit wie viel Phantasie und Witz Menschen Plakate gemalt hatten. Dieser Ausbruch an Phantasie, Intelligenz und Zivilcourage eines zuvor eingesperrt, ängstlich und müde wirkenden Völkchens. Das war ein unerhört glücklicher Moment. Wir waren so viele Menschen, auch wenn ich im Rückblick weiß, dass dort sehr unterschiedliche Menschen waren, die nicht deckungsgleiche Motive hatten. Es war ein unerhörter Tag in meiner eigenen Biographie.

Welche Rolle haben aus Ihrer Sicht die Kirche und der Glaube im Herbst 1989 gespielt?

Wahrscheinlich eine ganz entscheidende Rolle. Wie viele Versammlungen fanden in Kirchen statt? Die meisten Mitglieder von Oppositionsgruppen waren Leute aus der Kirche, nicht nur Pastoren, sondern viele christlich engagierte Menschen. Das gilt ja auch für mich. Ich glaube, die Rolle der Kirchen ist für diesen Herbst überhaupt nicht zu unterschätzen. Wenn ich mich daran erinnere, dass zum Beispiel nach aufgeregten, hitzigen Debatten in der Berliner Gethsemanekirche zum Schluss miteinander gesungen wurde: »Dona nobis pacem«. Und wenn ich dann daran denke, wie ich mit entschlossener Friedfertigkeit die Kirche verlassen habe, dann weiß ich, welche außerordentliche Rolle die Kirche und der christliche Glaube bei der Revolution und für ihren friedlichen Verlauf gespielt haben.

Warum blieb die Revolution friedlich?

Es gibt viele Gründe, weshalb die Revolution 1989 friedlich geblieben ist, zum Beispiel die entschlossene Friedfertigkeit der christlich geprägten Oppositionsgruppen. Aber natürlich darf man auch nicht vergessen, welche Rolle Gorbatschow im Herbst 1989 gespielt hat. Es hat keinen Befehl aus Moskau gegeben, die Rote Armee einzusetzen. Es gab keine Weisung aus Moskau an Honecker oder Krenz, die Demonstrationen mit Gewalt niederzuschlagen. Es hat ja Gewalt gegeben. Ich erinnere mich an die Ereignisse Anfang Oktober rings um die Berliner Gethsemanekirche. Aber dass die Sowjetunion nicht mitgespielt hat, keine Gewalt angewendet hat, das ist ein unerhörtes historisches Glück.

20 Jahre sind seit der Revolution vergangen. Was ist vom Aufbruch 1989 geblieben? . . . .
. . . .
Wir leben in einer gemeinsamen Demokratie, wir leben in einer freiheitlichen Gesellschaft, wir leben wiedervereinigt in einem Land mit Grenzen, zu denen alle Nachbarn Ja gesagt haben. Und wir leben im Frieden mit allen Nachbarn. Was will man mehr? Das nenne ich großes historisches Glück. Dass nicht alle Blütenträume von Basisdemokratie gereift sind und reifen konnten in einer hochkomplexen Gesellschaft, das weiß ich. Und ich weiß auch, dass manche Hoffnungen enttäuscht worden sind. Aber wir haben in der Demokratie mehr als je zuvor die Chance, eigene Anliegen zur Sprache zu bringen. Es gibt eine freie Presse, es gibt Öffentlichkeit, es gibt weltanschauliche Vielfalt. Es gibt Toleranz in diesem Land. Es gibt die Grundfreiheiten und Grundrechte, die wir uns in der DDR erträumt und erhofft haben. Das ist doch nicht wenig. Im Gegenteil: Das ist sehr viel, was erreicht worden ist.

Freya Klier

Freya Klier (geb. 1950 in Dresden) verbrachte in ihrem 3. Lebensjahr ein Jahr in einem Kinderheim, als Folge der Inhaftierung ihres Vaters. Bald nach ihrem Abitur 1968 unternahm sie einen erfolglosen Fluchtversuch aus der DDR, wurde zu 16 Monaten Gefängnis verurteilt, aber vorzeitig entlassen. Sie arbeitete danach u. a. als Postangestellte und Kellnerin. Von 1970–1975 studierte sie Schauspiel an der Theaterhochschule in Leipzig und am Staatstheater in Dresden, arbeitete am Theater Senftenberg als Schauspielerin, studierte von 1978–1982 Regie am Institut für Schauspielregie in Berlin, war ab 1982 Regisseurin am Theater Schwedt, wo sie 1984 für die Uraufführung von Plenzdorfs »Legende vom Glück ohne Ende« mit dem DDR-Regiepreis ausgezeichnet wurde.

Seit Anfang der 1980-er Jahre war sie aktiv in der DDR-Friedensbewegung, weswegen ihr 1985 ein Berufsverbot erteilt wurde. Ihre Kritik an den Missständen in der DDR und die offene Forderung von Reformen führten im Januar 1988 zur Verhaftung von etwa 160 Personen, unter ihnen Klier und Krawczyk. Am 2. Februar 1988 verließen sie unfreiwillig die DDR. Die Medien der DDR stellen dies als Flucht landesverräterischer Bürger dar.

Freya Klier lebt heute als freischaffende Autorin und Filmregisseurin in Berlin.

Wann haben Sie im Jahr 1989 zum ersten Mal gespürt, dass sich in der DDR etwas ändert? Wie haben Sie darauf reagiert? ....
....

Ich habe das nicht 1989 zum ersten Mal gespürt, sondern bereits 1988, nach der Zwangsausbürgerung von Stephan Krawczyk und mir. Unsere Verhaftung hatte eine große Solidarität in den Kirchen hervorgerufen. Davon hatten wir allerdings erst erfahren, als wir bereits im Westen waren. Damals haben die Menschen in den Kirchen gemerkt, wie viele sie eigentlich sind, die gegen den Staat sind, die Kraft haben und eine Opposition sein können. Das ist mir damals – Anfang 1988 – von vielen Menschen geschildert worden. Von diesem Moment an ist die DDR nicht mehr zur Ruhe gekommen. Die Revolution begann nicht erst 1989, sondern 1988. Im März/April 1988 ereignete sich die Geschichte mit den Ausreisewilligen. Es war damals ein Riesenschwung von Menschen, der aus dem Land geflogen ist. Einige Monate später, im November 1988, folgte das »Sputnik«-Verbot. Dann kam das Jahr 1989: die Wahlfälschungen, die Massenflucht über Ungarn. – Im Prinzip ist das Ganze ein sehr langer Prozess gewesen.

Natürlich konnte niemand wissen, dass das Ende der DDR naht. Von einigen Menschen wird das heute so dargestellt. Ich selbst war im September 1989 zu einer Fernsehtalkshow eingeladen. Dort wurden die Gäste mit dem Honecker-Zitat konfrontiert, dass die Mauer noch 100 Jahren bestehen bleibe. Und auf die Frage, wie lange die Mauer noch stehen werde, antworteten die Gäste: Ach, vielleicht bis 2015, 2050 usw. Ich habe damals geantwortet: Ich schätze, vielleicht noch vier Jahre. Da bin ich ausgelacht worden. Dieses Bewusstsein, dass es mit der DDR zu Ende gehen könnte, war damals einfach nicht vorhanden.

Die Veränderungen in der DDR haben wir vom Westen aus unterstützt, indem wir aus dem Exil heraus unentwegt Bücher für unsere Freunde in den Osten geschmuggelt haben. Wir wollten sie ermutigen, sich für Demokratie in der DDR einzusetzen.

Wie haben Sie die Kommunalwahlen im Mai 1989 erlebt? . . . .
. . . .

Die Wahl im Mai 1989 konnte ich nicht in der DDR erleben, weil ich zu diesem Zeitpunkt in Westberlin gelebt habe. Dennoch habe ich mich für diese Wahl sehr interessiert. Denn ich hatte ja bereits 1986/87 die erste geheime Jugendbefragung in der DDR durchgeführt und schon Anfang der 80er-Jahre hatte ich die erste geheime Frauenbefragung gemacht. Ich schrieb, als ich 1988 verhaftet wurde, gerade an einem Buch über das Erziehungswesen in der DDR. Das heißt, ich war mit meinen Gedanken in der DDR und habe mich stark für die Entwicklung in der DDR interessiert. Das lag einfach daran, dass ich mich berufsmäßig mit ihr befasst habe, obwohl ich in Westberlin war. Ich habe die Entwicklung immer sehr genau verfolgt.

Beeindruckt hat mich damals, mit welch großem Mut meine Freunde im Osten diese Wahl beobachtet haben. Sie haben sich nicht mehr zurückdrängen lassen. Wir haben ja von Westberlin aus gesehen, wie sie sich aufgeteilt haben, die Wahl beobachtet haben und wie sie die Wahlfälschung nachweisen konnten. Das haben wir im Fernsehen und im Radio aufmerksam verfolgt. Außerdem hatten wir zu ihnen enge Kontakte über Journalisten und Diplomaten. Und natürlich hatten wir Telefonkontakt zu etlichen Freunden.

Über die Aktivitäten unserer Freunde haben wir uns irre gefreut. Für uns war klar, dass jetzt ein neuer Stand von Mut und Zivilcourage erreicht war, den der Staat nun nicht mehr weiter zurückdrängen konnte. In diesem Zusammenhang darf auch nicht vergessen werden, dass es in dieser Zeit in China die Demokratiebewegung und das Massaker auf dem »Platz des Himmlischen Friedens« gab. Es darf nicht vergessen werden: Es war immer noch eine bedrohliche Zeit. Deshalb fand ich den Mut meiner Freunde in der DDR so wichtig.

Freya Klier

Das Wort »Reform« hatte seit Mitte der 80er-Jahre durch Gorbatschow einen neuen Klang bekommen. Welche Bedeutung hatte für Sie dieses Wort?

Mir war klar, dass Gorbatschow die Sowjetunion nicht zu einer Demokratie reformieren wollte. Gorbatschow wollte das sozialistische System lediglich so flexibel machen, dass es weiter funktionieren würde. Damit hat sich sein Ansatz von meinem natürlich unterschieden. Denn ich war schon zu diesem Zeitpunkt überzeugt, dass das System aufgelöst werden sollte. Aber das war nicht praktikabel, da die DDR – wie die anderen osteuropäischen Staaten auch – im Zangengriff der waffenstarrenden Sowjetunion steckte. Deshalb habe ich auch nie etwas geschrieben oder gesagt über eine »erneuerte DDR«, wie das Freunde von mir im Osten getan haben. Ich habe das aber nicht als deutsche Einheit angesehen. Mir war die deutsche Einheit völlig egal. Mir war wichtig, dass die Menschen frei werden, frei entscheiden können und dass im Osten ein demokratisches System entsteht. Das kam nicht aus der Sowjetunion. Das war auch nicht zu erwarten. Man wusste nur nicht, wie weit es dort geht, ob nicht auch in der Sowjetunion möglicherweise ein Volksaufstand zu Stande kommt, der die Grenzen dessen sprengt, was Gorbatschow geplant hatte.

War für Sie der Sozialismus reformfähig?

Der Sozialismus war für mich nicht reformfähig. Ich bin ein Kind der DDR. Ich bin Jahrgang 1950 und gehöre damit zu der Generation, die eine extreme Gehirnwäsche abbekommen hat. Das heißt, man konnte in den frühen Jahren manchmal gar nichts anderes denken als: Sozialismus. In unserer Gedankenwelt war gar nichts anderes drin. Aber dadurch, dass ich ein Buch geschrieben habe, mich mit der Staatssicherheit befasst habe, mit Bewegungen in der

Gesellschaft und mit dem, was das Erziehungswesen eigentlich angerichtet hat, wie diese Gesellschaft mit Hilfe des Erziehungswesens sortiert werden sollte, war ich etwas weiter als ein Großteil meiner Freunde, bei denen die Mauer noch ziemlich dicht im Kopf steckte. Ich habe damals gesehen, dass die DDR keine Chance auf einen eigenen Weg hat.

In der DDR war der Alltag politisch. Deshalb suchten sich viele Menschen unpolitische Nischen. Im Jahr 1989 änderte sich das. Wann verließen Sie Ihre Nische? Wann wurden Sie von der Revolution erfasst? . . . .

Von der Revolution wurde ich natürlich nur aus der Distanz erfasst. Aber in einer Nische bin ich nie gewesen. Ich war ja in der DDR eine anerkannte Theaterregisseurin. Vorher war ich Schauspielerin. Da gab es einfach keine Nischen. Ich habe immer in einer offenen Auseinandersetzung mit der Gesellschaft gelebt. Das war einfach berufsmäßig bedingt, weil Menschen am Theater natürlich in keiner Nische waren. Oder man könnte andersherum wohl auch sagen: Das Theater selbst war eine Nische. Aber da ich 1980 die Friedensbewegung mitbegründet habe, war das Nischendasein schon lange weg.

Persönlich hat mich von der Revolution am meisten der 9. Oktober 1989 bewegt. Ich hatte ja bereits die ersten Versuche mitbekommen, die Tastversuche, sich draußen zu Wort zu melden. Was am 9. Oktober 1989 in Leipzig passiert ist, ist mir tief unter die Haut gegangen. Da haben Menschen gestanden, die nicht wussten, ob sie erschossen werden oder nicht. Merkwürdigerweise spricht heute niemand mehr von diesen Menschen. Das aber sind für mich die Helden der Revolution - nicht die Genossen oder manche Kirchenleute, die sich anschließend nach vorn geschoben haben. Es waren ganz junge Menschen, die damals in Leipzig und auch anderen Städten den Polizisten unmittelbar gegenüberstanden.

Selbst die Polizisten in den Kasernen wussten ja damals nicht, zu welchem Einsatz sie geschickt werden. Diese ganze Situation ist mir sehr nahegegangen. Da spürte ich in Westberlin eine gewisse Hilflosigkeit.

Ich gab damals ständig Interviews, weil viele im Westen gar nicht verstanden haben, was da im Osten abläuft. Das war damals meine Rolle: zu schauen, was ist, und dies dann für die Westdeutschen zu übersetzen.

Seit dem Beginn der Sommerferien 1989 flohen Tausende DDR-Bürger in den Westen. Was ging in Ihnen vor, als Sie die TV-Bilder von der Massenflucht sahen?..

Ich kannte den Hintergrund der Massenflucht. Ich ahnte, dass der ungarische Außenminister Horn natürlich nicht aus freien Stücken die Grenze zu Österreich geöffnet hatte, sondern dass dies in Absprache mit dem KGB geschah. Kein Ostblock-Außenminister hätte allein solche Taten vollbringen dürfen, allein den Eisernen Vorhang zu öffnen. Mit diesem Wissen hatte ich eine andere Position als viele andere Menschen in der DDR, die dachten, dass das die Ungarn jetzt einfach so machen. Tatsächlich ging es aber darum, den Druck auf die DDR zu erhöhen. Die ungarische Grenzöffnung ging auf eine Idee der Russen zurück.

In ganz Westdeutschland und Westberlin füllten sich nun die Turnhallen mit Flüchtlingen. Ich habe diese Menschen, die abgehauen sind, immer gut verstehen können. Da hatte ich auch kein Brett vor dem Kopf. Nun war ich gespannt, wie lange es die Genossen der DDR-Regierung in Ostberlin noch machen. Wie lang würde sie dem noch widerstehen?

Für mich war das mehr eine analytische Situation. Ich bin Regisseurin. Ich schaue bei solchen Ereignissen anders hin. Ich schaue mir die Bilder anders an als Menschen, die sich darüber aufregen, wie manche auf die Knie fallen und den Boden von Österreich küssen. Solche Bilder finde ich immer richtig gut. Denn sie haben einen großen theatralischen Wert. Das meine ich überhaupt nicht abwertend. Es ist einfach so, dass die Menschen sich erlöst gefühlt haben, dass sie aus diesem geschlossenen System einfach rausgetaumelt sind, in dem wir viele Jahre zubringen mussten. Ich fand das natürlich toll! Aber was mich in diesem Moment am meisten interessiert hat, war: Wie lange wird die DDR-Regierung jetzt standhalten und nichts tun?

Warum sind Sie in der DDR geblieben?..................
....
Stephan Krawczyk und ich sollten 1985 die DDR verlassen. Wir bekamen damals Berufsverbot und man öffnete uns die Tür. Ich hatte damals ein Angebot vom Schauspielhaus in Frankfurt am Main. Und das Kulturministerium der DDR sagte uns: Bitte verlassen Sie die DDR, denn Sie bekommen hier keine Arbeit mehr. Das war der Grund, weshalb wir beide eine winzige Theatergruppe in der DDR gegründet haben. Wir standen also schon damals sehr massiv vor der Frage: Warum gehen wir nicht? Und wir sind nicht gegangen, weil wir den Funktionären das Feld nicht überlassen wollten. Ich selbst hatte 1968 einen Republikflucht-Versuch unternommen, der scheiterte. Ich wurde zu einer Haftstrafe verurteilt. Nun bestand für mich aber eine andere Situation: Für mich persönlich hing das mit dem Tod meines Bruders im Jahr 1979 zusammen. Da war bei mir das Maß voll. Ich wollte nicht aus der DDR raus: Nicht etwa, weil die DDR so schön war, sondern weil ich einfach Widerstand leisten und nicht hinnehmen wollte – wie viele andere Menschen auch –, dass die SED-Funktionäre das Land beherrschten, als wäre es ihr Eigentum. Und dass sie über die Menschen verfügten, als wären sie ihr Eigentum. Das war der Grund. Deshalb wollten wir die DDR nicht verlassen.

Was ging Ihnen durch den Kopf, als Sie die Bilder von Hans-Dietrich Genscher auf dem Prager Balkon sahen? Was bedeutete damals für Sie dieser Schrei der Menschen?

Das hat mich tief berührt. Das hängt wieder mit meinem Beruf als Regisseurin zusammen: Ich habe mir vorgestellt: Was passiert in so einem eleganten, gepflegten Botschaftsgelände, wenn dort plötzlich Tausende von Menschen drin sind? Dort gibt es keine sanitären Anlagen. Dort haben die Kinder keine Möglichkeit, sich zu bewegen. Dort sind die Menschen hochgradig nervös. Dort haben sie Angst, dass sie rausgeholt werden, dass sie die Botschaft verlassen müssen und vielleicht ins Gefängnis kommen. Das schwebte ja über allen. Das lag als eine ungeheure Last auf den Menschen. Als der Genscher das dann gesagt hat, habe ich vor meinem Fernseher in Westberlin geweint. Das hat mich zutiefst beeindruckt. Da fiel auch von mir etwas ab. Ich habe mir vorgenommen, über diese Botschaftszeit ein Buch zu schreiben. Inzwischen habe ich schon Menschen interviewt, die damals da drin gewesen sind.

Ende September gab es die ersten größeren Demonstrationen in der DDR. Wie haben Sie damals diese ersten Zeichen des Aufbruchs erlebt?

Die ersten Demonstrationen konnte ich nur von außen wahrnehmen. Ich habe sie als sehr positiv empfunden. Ich kannte ja fast alle Oppositionellen, die ich im Fernsehen sah. Ich kannte sie noch aus meiner DDR-Zeit, von unseren Theaterauftritten. Ich war ja selbst Mitglied des »Arbeitskreises Solidarische Kirche« gewesen. Ich sah also immer nur Gesichter von Freunden, die gerade etwas in Bewegung setzten. Das war ein tolles Gefühl. Aber ich habe mich auch ausgeschlossen gefühlt, denn ich wollte ja einst selbst in der DDR eine Bewegung in diese Richtung. Aber nicht nur ich habe mich ausgeschlossen gefühlt. Auch andere Menschen, die viel älter waren, die sich zum Beispiel am Volksaufstand vom 17. Juni 1953 beteiligt hatten oder in den 60er-Jahren Widerstand geleistet hatten, die schauten ja ebenfalls zu. Eigentlich wollten alle dabei sein, als es endlich passierte. Es war sehr schön anzusehen, dass die Menschen einfach auf die Straße gingen und ihre Angst verloren. Ich war daran emotional sehr beteiligt.

Im September wurde das Neue Forum gegründet. Der Name »Neues Forum« wurde bald zu einem Markenzeichen für Reformwillige. Wie standen Sie zum Neuen Forum bzw. zu den anderen neuen Oppositionsgruppen?

Ich war entsetzt, dass meine Freunde vom Neuen Forum Herrn Gysi als juristischen Vorkämpfer zuließen. Wir hatten ja Gregor Gysi als Rechtsanwalt immer abgelehnt und ihn nie an uns herangelassen. Nun klebte der sich an das Neue Forum, und da ahnte ich, was da losgehen könnte oder was geplant war. Aber an sich fand ich das Neue Forum richtig und wichtig. Ich sah aber auch beim Demokratischen Aufbruch viele Freunde.

Diese neuen Gruppen haben Jürgen Fuchs, Roland Jahn, viele andere Menschen und ich insofern unterstützt, dass wir die internationale Presse über das informiert haben, was da gerade in der DDR passiert. Wir waren in Westberlin eine Art Vorposten und haben weltweit Interviews gegeben – oft in einem erbärmlichen Englisch. Wir haben erklärt, was gerade in der DDR passiert und wer die Oppositionellen sind. Das war unsere Aufgabe. In die Entwicklung in der DDR konnten wir nicht direkt eingreifen. Das wollten wir auch gar nicht, weil unsere Freunde in der DDR das selbst ganz gut hinbekommen haben.

Gab es für Sie im Jahr 1989 einen Punkt, an dem Sie für sich eine unwiderrufliche Entscheidung zu treffen hatten, die Sie sich reiflich überlegen mussten? – Wenn ja: Welche Entscheidung mussten Sie treffen? Welche Faktoren waren ausschlaggebend?........
....
Da ich nicht unmittelbar an der Entwicklung beteiligt war, musste ich eine solche Entscheidung nicht treffen.

Gab es für Sie im Herbst 1989 einen Moment der Angst? Vor was haben Sie sich gefürchtet? Wie haben Sie reagiert?..........
....
Da ich nicht unmittelbar beteiligt war, gab es bei mir keinen Moment der Angst. Aber ich habe etwas gesehen, was mich ganz tief beunruhigt hat. Das war am 4. November 1989, als auf dem Berliner Alexanderplatz die große Demonstration war. Da sah ich am Fernseher, und dort konnte man das wohl weitaus besser wahrnehmen als vor Ort, dass unheimlich viel Staatssicherheit und Polizei in Zivil in der Menge waren. Ich habe das erkannt, als Markus Wolf, Gregor Gysi und Stefan Heym auf die Bühne gestiegen sind. Da haben diese Menschen ganz frenetisch Beifall geklatscht. Bei Markus Wolf konnte man es besonders gut sehen: Beim ehemaligen Vize-Chef der Staatssicherheit wurde frenetisch applaudiert. Nur ein Teil der Protestler rief »Buh!« oder »Stasi in die Produktion«. Da wusste ich, dass sie sich in einem ungeheuren Ausmaß unter die Demonstranten gemischt hatten und nun versuchten, das ganze Schiff in ihre Richtung zu schieben. Da war ich sehr betroffen, weil ich geahnt habe, wie viele das sind, die sich da an die Spitze der gesamten Bürgerbewegung setzen wollten.

Ich selbst war ja zu der Demonstration auch eingeladen. Ich sollte dort sprechen. Aber ich durfte nicht nach Ostberlin einreisen. Ich durfte erst als eine der letzten Ausgebürgerten wieder einreisen. Im Hintergrund standen Überlegungen, dass ich in dieser Übergangszeit das DDR-Bildungswesen übernehmen sollte, weil ich mich mit diesem Thema beschäftigt hatte. Das mag der Grund gewesen sein, warum ich erst einmal überhaupt nicht in die DDR einreisen durfte. Wolf Biermann war schon drin, Stephan Krawczyk war schon drin. Beide traten schon in der DDR auf. Und ich bekam keine Einreisegenehmigung. Erst Weihnachten 1989 durfte ich nach Dresden fahren.

Welche glücklichen Momente verbinden Sie mit dem Herbst 1989?

Ich verbinde viele glückliche Momente mit dem Herbst 1989. Ich wohnte mit Stephan Krawczyk direkt an der Mauer – gegenüber vom Springer-Hochhaus. Alles, was sich um den 9. November an der Mauer abgespielt hat, haben wir hautnah miterlebt. Das zog sich ja über Wochen hin. Es war eine sehr aufregende Zeit. Noch mehr beeindruckt war ich, als ich dann endlich selbst wieder in die DDR einreisen durfte. Der glücklichste Moment war, als ich meine Verwandten wieder in die Arme schließen konnte. Das war Weihnachten.

Zu den glücklichen Momenten gehören aber auch die Montagsdemonstrationen. Das friedliche Ende der Demonstration am 9. Oktober 1989 war für mich ein großer Glücksmoment. Deshalb dränge ich auch heute sehr darauf, dass dieser Tag ein eigenes Ereignis ist und eine eigene Würdigung bekommt. Das war ein reines Ost-Ereignis. Es darf aber auch nicht vergessen werden, was sich in anderen Städten abspielte.

Nach dem Mauerfall habe ich mich darüber gefreut, dass ich vom Schwedter Theater gefragt wurde, ob ich die Intendanz übernehmen wolle. Das hat mir gezeigt, dass sie sich sehr gern an meine Arbeit erinnert haben.

Welche Rolle haben aus Ihrer Sicht die Kirche und der Glaube im Herbst 1989 gespielt?

Das kann ich schwer einschätzen, weil ich nicht dabei gewesen bin. Ich denke aber, dass der Glaube bei denen eine große Rolle gespielt hat, die glauben. Bei anderen hat das vielleicht keine Rolle gespielt. Die hatten einfach nur die Schnauze voll und sind mitgegangen. Über Stephan Krawczyk und mir lastete zudem noch die ganze Schnur-Geschichte. Die ist heute in Vergessenheit geraten. Wir sind ja damals nicht nur zwangsausgebürgert worden, sondern auch rausgetrickst worden von unserem Rechtsanwalt und »lieben Freund« Wolfgang Schnur. Das war der Kirchenanwalt, dem alle zu Füßen lagen. Nur wir ahnten zu dieser Zeit bereits durch das, was er mit uns im Gefängnis angestellt hatte, wie er uns aus der DDR rausbugsiert hatte, dass er bei der Staatssicherheit war. Und diese Ahnung hat im Herbst 1989 unsere Beziehung zu vielen Menschen in der DDR noch belastet. Das hat sich erst dann gegeben, als Schnur enttarnt wurde.

20 Jahre sind seit der Revolution vergangen. Was ist vom Aufbruch 1989 geblieben?

Es war eine tolle Bewegung, ein toller Aufbruch, der nicht nur die DDR, sondern ganz Osteuropa verändert hat. Er hatte eine ungeheure Wirkung in der ganzen Welt. Besonders wichtig ist, dass es eine friedliche Revolution gewesen ist. Das zeigt, was für eine menschliche Reife in unserer Opposition vorhanden war. Das bleibt. Genauso bleibt das Bewusstsein - selbst wenn es manchmal von Alltagsproblemen überdeckt wird -, dass man mit Kraft, Mut und Ausdauer furchtbare und scheußliche Diktaturen irgendwann zu Fall bringen kann. Ich finde es wichtig, dass diese Gedanken und Erfahrungen an die jüngere Generation weitergegeben werden.

Gunther Emmerlich

Gunther Emmerlich (geb. 1944 in Eisenberg/Thüringen, verheiratet, zwei Kinder) absolvierte zunächst in Erfurt eine Ausbildung zum Bauingenieur und wandte sich dann der Musik zu. Er studierte Operngesang an der Musikhochschule Franz Liszt in Weimar und gehörte von 1972-1992 zum Ensemble der Dresdner Oper. Er trat als Moderator und Gast in zahlreichen deutschen Unterhaltungssendungen auf; im Fernsehen der DDR wurde er bekannt als Gastgeber der Sendung Showkolade. 2008 trat er in der New Yorker Carnegie Hall auf.

Gunther Emmerlich wurde 1990 mit dem Bambi und 1997 mit dem Bundesverdienstkreuz ausgezeichnet. 2007 veröffentlichte er sein erstes Buch, dem bald ein zweites folgen soll.

Wann haben Sie im Jahr 1989 zum ersten Mal gespürt, dass sich in der DDR etwas ändert? Wie haben Sie darauf reagiert? ....
....

Im Jahr 1989 habe ich immer häufiger Anzeichen für Veränderungen entdeckt. Zunächst fanden im Mai 1989 die letzten Wahlen in der DDR statt. Obwohl man schon immer von den Wahlfälschungen wusste, hat man sie damals erstmals hemmungsloser diskutiert. Sie kamen in den Westmedien deutlicher zur Sprache und auch im Land selbst wurde das Thema diskutiert. Diese Diskussion war zunächst weitgehend offen, sodass ich dachte: Da wollen wir doch mal sehen, wie die Funktionäre aus diesem Schlamassel rauskommen. Hoffentlich kommen sie da nicht raus! Das war die Hoffnung.

Wenig später haben wir ein Musenfest an der Semper-Oper gefeiert. Da ging es, was die Reden auf der Bühne betraf, ziemlich locker zu. Ich hatte den Eindruck: Jetzt kann man sich etwas erlauben. Denn die Funktionäre waren angeschlagen.

Zwei Tage nach dem Musenfest, Anfang Juli 1989, sind wir mit der Semper-House-Band in der Messehalle 7 in Leipzig zum Evangelischen Kirchentag aufgetreten. Da herrschte eine Atmosphäre, die man nicht beschreiben kann. Nach meiner Erinnerung waren 7 000 Menschen gekommen. Und ich glaube, ich stehe mit meinem Gefühl, dass da schon etwas in der Luft lag, nicht allein da. Eine Pastorin hat mich neulich an die Situation erinnert – ich hatte sie schon längst vergessen: Als ich mich dort verabschiedete, habe ich gesagt: »So, nun geht wieder hinaus ins Land und versucht, irgendwie am Sozialismus rumzupiepeln.« Und die Menschen haben natürlich die unverhohlene Ironie dieser Worte verstanden und gejohlt. Es war irgendwie ein Tanz auf dem Vulkan.

Und es gab noch ein viertes Anzeichen für Veränderungen: Im August gab ich mit der Semper-House-Band ein Konzert in Westfalen. Zu diesem Zeitpunkt hatte schon der ungarische Außenminister Horn mit einem Bolzenschneider die Grenze nach Ungarn geöffnet. Bei meiner Ausreise aus der DDR bat mich ein Grenzoffizier um ein Autogramm. Dabei sagte er im herrlichsten Sächsisch zu mir: »Wissen Se, wie bläde wir uns hier vorkomm? Als täten wir einen Panzerschrank von vorne bewachen, der hinten schon aufgeschnitten ist.« Da merkte ich erneut, dass sich irgendwas verändert. Was sich dann tatsächlich verändern sollte, das habe ich nicht geahnt.

Wie haben Sie die Kommunalwahlen im Mai 1989 erlebt? . . . .
. . . .
Die Kabine in meinem Dresdner Wahllokal war am anderen Ende des Raumes. Unter den Blicken der Anwesenden bin ich in langen Schritten durch den Raum zur Kabine. Wenn einer in die Kabine ging, wussten alle: Der hat etwas vor. Das wurde auch registriert. Aber man wusste nicht, wie das läuft. An diesem 7. Mai war aber die Angst der Menschen nicht mehr so groß, weil sie gespürt haben, es könnte etwas geschehen. Ich hatte nicht den Eindruck, dass ich allein bin. Ich habe die Kraft gespürt, die einem andere geben.

Ich weiß noch, dass ich meinen alten Kollegen Friedrich Wilhelm Junge, ein Dresdner Schauspieler, in dem Wahllokal getroffen habe. Und er hat sich noch selbst mutmachend gesagt: »Den wähl ich nicht« und ist in die Wahlkabine gegangen. Anschließend hat er mir erzählt, er habe dasselbe gemacht wie ich: Er hat sie alle durchgestrichen.

Ich habe diese Berichte über das Wahlergebnis und die Auszählung der Stimmungen durch oppositionelle Gruppen sensorisch zur Kenntnis genommen. Beteiligt war ich dadurch, dass ich alle Namen auf dem Stimmzettel durchgestrichen habe. Es war wichtig, dass das ein paar gemacht haben, sonst hätten die oppositionellen Gruppen die Wahlfälschung gar nicht feststellen können. Sonst wäre es wie immer gewesen.

Das Wort »Reform« hatte seit Mitte der 80er-Jahre durch Gorbatschow einen neuen Klang bekommen. Welche Bedeutung hatte für Sie dieses Wort?..............................
....

Das, was sich aus der so genannten Wende, die eigentlich ein Zusammenbruch war, ergeben hat, konnte keiner ahnen. Und wenn ich an Glasnost und Perestroika dachte, was Gorbatschow vorhatte, dann hatte ich davon keine klaren Vorstellungen. Das erinnerte mich an 1968, an das, was Dubček in der Tschechoslowakei vorhatte: Sozialismus mit einem freundlicheren Antlitz, was immer das auch gewesen wäre. Natürlich gehören dazu auch Reisefreiheit, Meinungsfreiheit und all diese Dinge, die man sich ersehnt hat. Dass es dann am Ende zum Zusammenbruch der DDR kam, lag letztendlich an der DDR selbst, denn sie hatte abgewirtschaftet.

War für Sie der Sozialismus reformfähig?.................
....
Eigentlich nicht. Ich war immer der Meinung: Es hat zu viele und unterschiedliche Versuche auf der Welt gegeben. Es gibt auch unterschiedliche Versuche vom Kapitalismus – und viele sind ebenfalls gescheitert. Aber es gibt eben auch ein paar, die relativ gut funktionieren. Eine so funktionable Gesellschaftsordnung, dass man damit restlos zufrieden sein kann, wird es wahrscheinlich nie geben. Das kann nur der einzelne Mensch mit sich selbst und den Seinen schaffen, dass er mit allen im Reinen ist. Das staatliche Gebilde ist zu groß, um gänzlich im Reinen zu sein. Aber der Sozialismus hatte so viele Spielarten auf der Welt: zwischen Nicolae Ceaucescu und Fidel Castro, zwischen Nordkorea und China. Die Versuche sind alle kläglich gescheitert.

Ich habe am 18. September 1989, an meinem Geburtstag, zusammen mit meinen Kollegen eine Resolution erarbeitet. Die haben wir ab Anfang Oktober in der Semper-Oper nach den Vorstellungen verlesen. Ich hatte im Text eine Veränderung vorgenommen: Ursprünglich stand dort, dass es Veränderung in der DDR geben müsse. Und dass die Gesellschaft sozialistisch bleiben wird. Aus dem »wird« haben wir ein »kann« gemacht. Wir hatten aber auch keine klare Vorstellung, was dann daran noch sozialistisch wäre. Man ist zum Teil ins Ungewisse gegangen. Zum Teil hatte man aber wohl klare Vorstellungen: Meinungsfreiheit, Redefreiheit, Reisefreiheit. Auch eine etwas bessere Versorgung der Menschen mit den Dingen des täglichen Lebens war uns wichtig.

In der DDR war der Alltag politisch. Deshalb suchten sich viele Menschen unpolitische Nischen. Im Jahr 1989 änderte sich das. Wann verließen Sie Ihre Nische? Wann wurden Sie von der Revolution erfasst? ....
....
Ich war eigentlich nie in einer Nische. Das heißt jetzt aber nicht, dass ich ein Widerstandskämpfer gewesen wäre. Ich bin früh politisiert worden. Mein Vater war im Krieg geblieben, meine Mutter starb, als ich elf Jahre alt war. Meine Schwester und mein Schwager haben mich erzogen. Mein Schwager, zu dem ich aufblickte, war am 17. Juni 1953 auf dem Marktplatz in Eisenberg. Er ist weder handgreiflich geworden noch hat er Reden gehalten. Er hat aber eine schnoddrige Bemerkung zu einem Genossen gemacht: »Mach das ›Bonbon‹ ab, ihr habt sowieso abgefrühstückt.« Das führte dazu, dass er ein Jahr in der Braunkohle arbeiten musste. Das hat mich logischerweise politisiert, weil ich mich gefragt habe: Warum? Das ist doch nicht nur ein netter, sondern auch ein guter Mensch, der mich an Vaters statt angenommen hat. Das habe ich nicht begriffen. Und das hat mich zum Grübeln gebracht. Es hat mich nicht zum Widerstandskämpfer gemacht, aber zu einem immer politisch denkenden Menschen. Natürlich hat mich auch politisch geprägt, dass mein Vater nicht aus dem Zweiten Weltkrieg zurückkehrte. Das hat

mein antifaschistisches Inneres geprägt. Das antikommunistische – was ich auch für mich beanspruche – ist dann logischerweise erst später gekommen.

Seit dem Beginn der Sommerferien 1989 flohen Tausende DDR-Bürger in den Westen. Was ging in Ihnen vor, als Sie die TV-Bilder von der Massenflucht sahen?..............................
....

Da habe ich das erste Mal gedacht: Das könnte der Anfang vom Ende sein, vom Ende der DDR. Es war wichtig, dass welche gegangen sind. Die haben ein Zeichen gesetzt. Und es war dann auch wichtig, dass die Parole aufkam: »Wir bleiben hier!« – »Wir blieben hier!«, hieß: Mit uns könnt ihr es nicht mehr so machen, wie ihr es 40 Jahre lang gemacht habt. Wir wollen das anders. Das war ganz, ganz wichtig.

Warum sind Sie in der DDR geblieben?..................
....

Es gab einen Riss in meiner Familie: Meine Frau wollte immer gehen. Auch ich habe mit diesem Gedanken gespielt. Aber das ist leichter gesagt als getan. Ich wusste von Freunden und Bekannten, die die Ausreise beantragt hatten, dass sie dann manchmal bis zu zehn Jahre lang nicht in die DDR zurückdurften. Dieser Gedanke hat mich krank gemacht. Ich war schon über die Mitte des Lebens hinaus. Der Gedanke, zehn Jahre lang nicht nach Dresden und nicht nach Thüringen zu können, wo ich nicht nur familiär sehr verwurzelt bin: Das hätte mir größere Schwierigkeiten bereitet. Außerdem habe ich hier viele Freunde und Kollegen gehabt, mit denen ich gern zusammen war. Das hatte mit der DDR gar nichts zu tun. Wenn es etwas mit der DDR zu tun hatte, dann so viel, dass wir uns gemeinsam wunderbar über sie lustig machten oder auch ernsthaft über die Gebrechen dieses gebrechlichen Staates reden konnten. So etwas hat auch verbunden. Außerdem darf man nicht vergessen, dass an der Semper-Oper eine gute Arbeit geleistet wurde, die international anerkannt wurde. Die Arbeit mancher Künstler wie Harry Kupfer oder Joachim Herz hatte gar nichts mit der DDR zu tun. Sie waren nicht nur in der DDR interessant und erfolgreich, sondern haben auch in westlichen Ländern als Regisseure gearbeitet. Es kamen also viele Dinge zusammen, weshalb ich dageblieben bin. Und das war auch ganz gut. Denn ich gehöre zu denjenigen, die von Beginn an auf der Straße waren. Ich habe zum Beispiel die Künstlerdemo in Dresden mitorganisiert und habe sie auch moderiert – vor 100 000 Menschen auf dem Theaterplatz. Es war wirklich ganz gut, dass ein paar geblieben sind, die das bewerkstelligen konnten.

Was ging Ihnen durch den Kopf, als Sie die Bilder von Hans-Dietrich Genscher auf dem Prager Balkon sahen? Was bedeutete damals für Sie dieser Schrei der Menschen? ....
....

Das löst bei mir einen Pawlowschen Reflex aus: Immer wenn ich diese Szene sehe – und ich bin normalerweise keine Heulsuse –, heule ich Rotz und Wasser. Jedes Mal. Ich habe sie erstmals im Fernsehen gesehen, als ich mit Musikkollegen unterwegs war, und bereits da habe ich geweint. Da hat mich ein Kollege, der neben mir stand, gefragt: »Was hast Du denn?« – Der hatte die Dimension nicht begriffen. Diese Worte »Wir sind zu Ihnen gekommen, um Ihnen mitzuteilen, dass heute Ihre Ausreise …« – da fällt es mir auch jetzt noch schwer, mich zu beherrschen. Der anschließende Schrei von den 4 000 Menschen war für mich schlechthin der Befreiungsschrei aus der DDR heraus.

Ich wusste, warum die Leute raus wollten. Meine Frau wollte weg. Und ich selbst war auch nicht hundertprozentig fürs Dableiben. Eine knappe Mehrheit in mir hatte entschieden, nicht die Ausreise zu beantragen. Ich habe es verstanden, weshalb die Leute gehen wollten. Ich war im Wissen um ihre Gedanken bei ihnen. Und ich wusste auch, dass viele, die nicht gehen, auch gehen könnten. Oder am liebsten gehen würden. Oder aus Tausenden Gründen, wie bei mir, nicht gingen. Das hat uns alle vereint. Das war so ein Gemeinschaftsempfinden: mehr für etwas, als gegen etwas. Denn das Gegen war letztlich schon gestorben.

Der Fall der Mauer ist eine Folgeerscheinung der Ereignisse in der Prager Botschaft. Die Symbolik des Mauerfalls ist aber nicht zu überbieten. Das Bild vom Mauerfall ist deshalb stärker. Wenn sich 16 Millionen Menschen bewegen können, ist das ein stärkeres Bild, als wenn sich 4 000 Menschen bewegen und mit dem Zug nach Hof fahren können.

Ich habe 2005 in Prag eine Fernsehsendung moderiert. Mein Gesprächspartner in der Prager Botschaft war Hans-Dietrich Genscher – das war ganz schwer für mich. Genscher war wie immer eloquent, freundlich und nett. Er ist eine ganz besondere Person. Aber auch von diesem Ort ging eine ganz besondere Aura aus. Jedenfalls hatten Touristen Genscher im Botschaftsgarten entdeckt und deshalb standen viele Menschen an diesem berühmten Zaun, von dem wir alle die Bilder nicht aus dem Kopf bekommen. Und die Situationen glichen sich, zumindest, was die Anzahl der Menschen am Zaun anbelangte. Denn die Touristen sind natürlich nicht über den Zaun geklettert. Aber mir haben die Beine gezittert und ich war froh, dass man das bei der Fernsehsendung nicht gesehen hat.

Ende September gab es die ersten größeren Demonstrationen in der DDR. Wie haben Sie damals diese ersten Zeichen des Aufbruchs erlebt?

Als die Züge aus der Prager Botschaft durch Dresden fuhren, war ich auf der Prager Straße. Ich war unmittelbar dabei, als Superintendent Christof Ziemer zu den Zigtausend Menschen gesagt hat: »Gehet hin in Frieden.« Das war das deutlichste Zeichen – nicht nur für Veränderungen, sondern für etwas Einmaliges – nicht nur in Deutschland: für eine friedliche Veränderung. Und die Menschen sind alle gegangen, wie vom lieben Gott mit einem Stab geführt. Obwohl die Situation auf Eskalation aus war. Denn es waren da schwerstbewaffnete Sicherheitskräfte aufmarschiert. Ich hatte bis dahin gar nicht gewusst, dass wir Leute haben, die schwer und hochtechnisiert bewaffnet sein können. Aus dieser Demonstration hat sich dann die »Gruppe der 20« gebildet. Es bleibt ein Verdienst von Oberbürgermeister Wolfgang Berghofer, obwohl er die Wahl gefälscht hat und später dafür auch verurteilt wurde, dass er als erster Funktionsträger dieses Landes zu wirklich frei gewählten Vertretern des Volkes gesagt hat: »Wir reden morgen früh miteinander.« Und als das feststand, hat Superintendent Ziemer gesagt: »Gehet hin in Frieden.« Dann sind die tatsächlich alle nach Hause gegangen. Das war schon toll.

Im September wurde das Neue Forum gegründet. Der Name »Neues Forum« wurde bald zu einem Markenzeichen für Reformwillige. Wie standen Sie zum Neuen Forum bzw. zu den anderen neuen Oppositionsgruppen? . . . .
. . . .
Ich habe das mit sehr viel Sympathie gesehen und die Gründung der neuen Parteien und das neue politische Spektrum mit großer Freude zur Kenntnis genommen. Denn ich dachte: Endlich gibt es hier Alternativen. Und daraus wird sich dann auch etwas entwickeln. In welche Richtung das gehen sollte, war noch offen. Für mich war wichtig: Hauptsache demokratisch. Ich bin trotzdem in keine Partei eingetreten, weil ich gern den Luxus genießen möchte, auch einen guten Vorschlag einer Partei, in der ich nicht bin, als guten Vorschlag zu erachten. Unter Demokraten ist das Gott sei Dank so der Fall.

Es gab damals natürlich Anfragen von einzelnen Parteien, ob ich mich nicht bei ihnen engagieren wolle. Es gab sogar den absurden

Vorschlag, dass ich Ministerpräsident von Sachsen werden solle. Das hatten sich ein paar Leute ausgedacht, die mich ganz nett fanden. Die dachten: Der singt gut, warum sollte er da auch so etwas nicht gut machen können? Aber dazu fehlt mir einfach die Qualifikation. Da hat man mich überschätzt. Ich habe das als freundliches Kompliment gesehen und nicht eine Sekunde ernsthaft darüber nachgedacht. Ansonsten bin ich viel zu sehr in meine Arbeit eingebunden, als das ich mich wirklich verantwortungsvoll in einer Partei oder sonst irgendwo verlässlich und jeden Tag engagieren könnte. Alle demokratischen Gruppierungen wussten, dass ich die Veränderungen auch herbeigesehnt habe.

**Gab es für Sie im Jahr 1989 einen Punkt, an dem Sie für sich eine unwiderrufliche Entscheidung zu treffen hatten, die Sie sich reiflich überlegen mussten? – Wenn ja: Welche Entscheidung mussten Sie treffen? Welche Faktoren waren ausschlaggebend?........
. . . .**
Mein Engagement hat keine Überwindung gekostet. Das war für mich ein Muss. Vor den ersten Demonstrationen, zu denen ich hingegangen bin, hat meine Frau gesagt: »Sei vorsichtig. Lass Dich nicht in irgendetwas hineinziehen.« – Damit meinte sie natürlich Gewalttätigkeiten. Denn wir wussten schon, was bereits alles geschehen war: dass Menschen aus der Demonstration rausgezerrt worden waren, in Garagen gebracht und geschlagen worden waren. Das hatte ich selbst schon mal erlebt, weil ich selbst einmal drei Wochen in Untersuchungshaft war. Ich wusste, wie weit sie gehen können.

Die schlimmste Zeit war für mich Mitte Oktober 1989, als ich zu einem lange geplanten und organisierten Gastspiel in der damaligen Sowjetunion reiste. Das war in der Woche zwischen dem 10. und 17. Oktober. Die Termine kenne ich noch genau, obwohl das alles schon so lange her ist. Am 18. Oktober dankte Honecker ab – und da war ich wieder zu Hause. Diese eine Woche, völlig abgeschnitten, das war etwas ganz Furchtbares: Ich konnte an den Veränderungen nicht teilnehmen. Denn ich wollte nicht nur am Fernseher gucken, sondern aktiv dabei sein. Ich habe deshalb mit Kollegen über irgendwelche Kofferradios mit Breitband vor dem Hotel Deutschlandfunk und Radio Freies Europa gehört, um wenigstens mit dem Ohr an der Heimat zu sein. Und telefoniert haben wir natürlich auch jeden Tag, um zu erfahren, wie sich die Dinge entwickeln.

Ich habe in der Fernsehsendung »Showkolade« immer irgendwelche Bemerkungen gemacht. Deshalb haben die Menschen die Sendung gemocht. Das weiß ich aus Zigtausenden Briefen, die ich damals bekommen habe. Ich bin in der Sendung immer einen Schritt weitergegangen. Viele von meinen Bemerkungen sind aber auch nicht gesendet worden. Ich habe also immer den einen Schritt weitergemacht, als möglich war. Aber die Redakteure haben dann die Aufzeichnungen umgeschnitten und gesendet, was aus ihrer Sicht sendbar war. Ein persilgewaschener, ehemals roter Journalist der DDR, ein sehr guter Journalist übrigens, hat mir einmal unterstellt, ich wäre mutig geworden, als die Menschen schon auf der Straße gewesen seien. Das ist Unfug, denn es ist nachprüfbar, was ich lange vor dem Herbst 1989 getan habe. Ich bin einmal bei der Fernsehsendung »Ein Kessel Buntes« dabei gewesen, als sie live gesendet wurde – denn meist war das eine Aufzeichnung. Aber live konnte man sich unter Umständen mit einer gewissen Gefahr etwas erlauben. Bei der Generalprobe mit Helga Hahnemann haben wir ganz viel weggelassen. Bei der Sendung gab es dann aber zwei Bemerkungen. Sie hat zu mir gesagt: »Du kannst mich auch mal in deine ›Showkolade‹ einladen.« Während des Dialoges standen wir auf einem beleuchteten Fußboden. Ich antwortete ihr: »Guck mal, das ist doch auch eine schöne Stelle. Hier kommt die Erleuchtung von unten.« Das war im September 1989 eine gute Bemerkung. Die Leute haben sie auch sofort begriffen. Genauso die zweite Bemerkung: Helga Hahnemann war als Schokoladenmädchen angezogen und ich habe »Just a Gigolo« gesungen. Und da haben wir gegenseitig festgestellt, dass wir nicht gerade die Idealbesetzung sind: sie nicht für das Schokoladenmädchen und ich nicht für den Gigolo. Und dann habe ich gesagt: »Tröste dich, wir sind nicht die einzige Fehlbesetzung in dieser Zeit.« – Das sind Punkte gewesen, wo ich gewusst habe: Wenn es ganz hart auf hart kommt, dann geschieht das, was ich später in meiner Stasi-Akte nachgelesen habe: Ich wäre in ein Lager in der Nähe von Tautenhain in meiner alten Heimat im Holzland gekommen.

Gab es für Sie im Herbst 1989 einen Moment der Angst? Vor was haben Sie sich gefürchtet? Wie haben Sie reagiert? ....
....

Der gefährlichste Moment war am 5. Oktober 1989, als die Züge aus Prag kamen. Da war in Dresden alles abgesperrt. Da stand ein Polizist am Fučík-Platz, den ich fragte, wohin ich mein Auto stellen solle. Und der Polizist fragte zurück: »Wo wollen Sie denn hin?« – »Ich will auf die Prager Straße«, antwortete ich. Und da sagte er zu mir: »Gehen Sie nicht dorthin. Dort ist die Hölle los.« Für ihn war das möglicherweise tatsächlich die Hölle. Für uns war es der Himmel. Denn es war der Anfang. Ich fand dann einen Parkplatz und bin zur Prager Straße gelaufen.

Angst hatte ich natürlich. Ich hatte erfahren, was alles möglich war. Ich wusste auch, dass die Armee noch unter Waffen stand. Die Russen waren noch im Land. Aber von denen hatte ich nicht so sehr Angst, denn Gorbatschow hatte durchblicken lassen, dass sie militärisch nicht eingreifen. Das geschah auch – Gott sei Dank – nicht. Doch die Nationale Volksarmee stand noch unter Waffen.

Wir hatten auch Angst bei unserer Künstlerdemo. Dort habe ich angesprochen, dass die Armee noch unter Waffen steht und dass sich da letztlich auch etwas tun muss – und hoffentlich zum Guten.

Am nächsten Tag standen plötzlich zwei Offiziere der Volksarmee vor meiner Tür. Nicht etwa, um mich abzuholen. Sondern die wollten das, was ich gesagt hatte, als Aufforderung begriffen haben. Sie haben mir versichert, dass bei ihnen nun auch etwas geschieht. Es gab einmal eine Zeit, in der die Soldaten in den Kasernen nicht mal die Nachrichtensendung »Aktuelle Kamera« gucken durften. Jetzt gebe es dort, so versicherten mir die Offiziere, auch Runde Tische. Die Menschen sollten keine Sorgen haben. Das fand ich damals unheimlich rührend. Und ich habe mich später gar nicht mehr so sehr gewundert, dass es der bundesdeutsche Verteidigungsminister Volker Rühe so leicht hatte, die NVA zu integrieren.

Welche Rolle haben aus Ihrer Sicht die Kirche und der Glaube im Herbst 1989 gespielt? . . . .

Die Kirchen waren für mich ein ganz wichtiger Zufluchtsort. Ich bin sowohl in der katholischen Hofkirche gewesen, wenn dort Diskussionen und Veranstaltungen waren, als auch in der evangelischen Kreuzkirche, habe mich ganz ökumenisch verhalten. Über die Konfessionsunterschiede hinweg gab es nur die Einigkeit der Herzen. Ich bin christlich erzogen worden. Ich hatte nicht bloß Religionsunterricht, sondern glaube auch an den lieben Gott. Das ist nicht allein Erziehung, sondern hat auch etwas mit Freunden zu tun. Ich bin getauft, konfirmiert, ich habe kirchlich geheiratet und selbst bei unserer Silberhochzeit vor drei Jahren haben meine Frau und ich uns nochmals einsegnen lassen.

Im Herbst 1989 habe ich in den Kirchen kein besonderes Glaubenserlebnis gehabt. Das war bei mir schon vorhanden. Ich habe damals nur gemerkt: Wenn die Not am größten ist, ist der liebe Gott am nächsten. Das haben wir alle gespürt. Die Kirchen waren voll. Und ich habe gedacht: Wenn es nicht nur immer die Not wäre, die uns zum Glauben führt.

Warum blieb die Revolution friedlich? . . . .
. . . .
Ich glaube, es ist nicht die »große Humanität« der DDR-Machthaber gewesen, dass sie keine Gewalt angewandt haben. Sie haben nur nicht gewusst: Wie geht es weiter nach der Gewalt? Denn sie hätten danach weiter mit den Menschen wirtschaften und leben müssen. Aber da wussten sie nicht weiter, weil sie wirklich am Ende waren. Deshalb haben sie keine Gewalt angewandt.

20 Jahre sind seit der Revolution vergangen. Was ist vom Aufbruch 1989 geblieben? . . . .
. . . .
Es ist schwer, darauf verantwortlich zu antworten. Dass wir nicht mehr jeden Tag auf die Straße gehen, das ist schon in Ordnung. Dass man jetzt mal gelegentlich auf die Straße geht, weil das jetzt erlaubt ist und weil es nötig ist, das ist von 1989 geblieben. Vor allem das Gefühl, dass man es darf, ist geblieben. Ob man das jetzt wegen jedem Müllhaufen machen muss, ist eine andere Sache. Demonstrieren zu dürfen und es manchmal auch zu müssen, das ist schon ein großer Gewinn. Die Meinungsfreiheit und die Reisefreiheit sind geblieben. Auch die Südfrüchte, über die sich die Kabarettisten so gern lustig machen, sind geblieben. Das ging mit dem Titanic-Titelbild los: »Zonen-Gabi im Glück – Meine erste Banane« – und es war doch nur eine grüne Gurke. Das war zwar ganz witzig, aber es war der verzweifelte Versuch, sich aus linksintellektueller Ecke nicht an unserer Freude beteiligen zu wollen. Es ist für den so gestrickten Westdeutschen mit dem Zusammenbruch der DDR auch ein Hoffungsgebäude zusammengebrochen. Und an dieser Stelle registriere ich leider eine gewisse Trauerunfähigkeit der Linken. Sie nehmen nicht zur Kenntnis, dass hier etwas unwiederbringlich an die Wand gefahren wurde.

Was ist sonst geblieben? Manche bedauern immer wieder, dass Freundschaften auseinandergegangen seien. Ich für meinen Teil muss sagen: Ich habe für manche Freundschaften auch etwas getan. Freundschaften, an denen mir lag und an denen mir liegt, müssen wie Blumen gegossen werden. Natürlich saß es sich zu DDR-Zeiten unheimlich gut am Feuer und man hat sich die Hände gewärmt. Dahinter wurde es zwar kalt, aber man hat sich gegenseitig auch gestreichelt, um die Zeit besser überdauern zu können. Doch plötzlich gingen die Türen und Fenster auf und es zog. Keiner wusste, was er anziehen soll – ist aber erst mal rausgerannt und auch auseinandergerannt. Aber wirkliche Freundschaften haben sich dann wieder gefunden. Für mich kann ich das so sagen. Eine Freundschaft mit Leuten, die mich ausspioniert haben, gibt es natürlich nicht mehr. Das ist klar. Aber die können froh sein, dass ich ihnen keine Steine in den Hof werfe.

Es wird oft davon gesprochen, dass wir in der DDR wärmer beieinander waren. Ich vergleiche das gern mit einem physikalischen Gesetz: Druck erzeugt Wärme. Offenbar ist es bei Menschen auch so: Der Druck einer Diktatur verursacht zwischen den Menschen Wärme, weil sie einander brauchen, weil sie einander helfen, weil sie einander zuhören, weil sie auch mehr Zeit haben und weil sie auch in ihrem »Dagegensein« näher beieinander sind. Aber ich möchte den Druck nicht wieder haben, um diese »Wärme« genießen zu dürfen. Die muss man sich anders organisieren. Und darüber muss jeder für sich entscheiden.

Friedrich Schorlemmer (geb. 1944 in Wittenberge/Prignitz, evangelisch) machte, weil sein Vater Pfarrer war, das Abitur 1962 an der Volkshochschule. Er studierte von 1962-1967 an der Martin-Luther-Universität Halle-Wittenberg Theologie, wurde Studieninspektor von 1967-1971, war von 1971-1978 Studentenpfarrer in Merseburg, lehrte von 1978-1992 als Dozent am Evangelischen Predigerseminar in Wittenberg und war Prediger an der Wittenberger Schlosskirche. Von 1992-2007 wirkte er als Studienleiter an der Evangelischen Akademie Sachsen-Anhalt.

Der Wehrdienstverweigerer Friedrich Schorlemmer engagierte sich schon 1968 bei Aktionen gegen die damals neue Verfassung der DDR und gegen den militärischen Einmarsch in der Tschechoslowakei. Seit den 70er-Jahren war er Mitglied der Friedens-, Menschenrechts- und Umweltbewegung. 1989 unterzeichnete er den Aufruf »Für unser Land«, war Gründungsmitglied des Demokratischen Aufbruchs, engagierte sich in kirchlichen Gruppen sowie in den Ökumenischen Versammlungen und gilt als einer der provokantesten Aktivisten der ehemaligen DDR-Opposition. Heute gehört er zu den Gegnern der sog. Antiterror-Kriege und weist u.a. immer wieder auf die Gefahren der Globalisierung hin.

1989 wurde Schorlemmer mit der Carl-von-Ossietzky-Medaille der Internationalen Liga für Menschenrechte, 1993 mit dem Friedenspreis des Deutschen Buchhandels und 2002 mit der Ehrendoktorwürde der Concordia-University in Austin/Texas geehrt. Er lebt heute in Wittenberg und ist Vorsitzender des Willy-Brandt-Kreises und publizistisch aktiv.

Wann haben Sie im Jahr 1989 zum ersten Mal gespürt, dass sich in der DDR etwas ändert? Wie haben Sie darauf reagiert? ....
....

Den 9. Oktober 1989 habe ich dramatisch-angespannt erlebt: Wir hatten im Hinterkopf die indirekte Drohung von Egon Krenz, dass eine »chinesische Lösung« auch für die DDR vorgesehen sei. Am Abend sprach Hanns Joachim Friedrichs in den »Tagesthemen« mit meinem Freund und Kollegen Christoph Wonneberger. Die Demonstration in Leipzig war friedlich ausgegangen. Es wurde nicht geschossen. In Leipzig wurden die Stadien nicht gefüllt, wurden die Blutkonserven nicht gebraucht, weder die Bereitschaftspolizei noch die Kampfgruppen noch die Stasi-Schergen wurden eingesetzt. Wir haben vor dem Fernseher gesessen, und es flossen die Tränen. Jetzt war der Durchbruch da! Ohne den 9. Oktober 1989 in Leipzig und die breite mediale Resonanz, die wir im Herbst 1989 durch den Westen hatten, wäre es nicht zu dem friedlichen Aufbruch in der DDR gekommen.

Wir hatten in Wittenberg längere Zeit geplant, dass wir am Dienstag, dem 10. Oktober, auch ein Friedensgebet beginnen – das hieß hier »Gebet zur Erneuerung«. Da wussten wir noch nicht, ob der 9. Oktober in Leipzig friedlich ablaufen würde. Wir wussten nicht, ob die Gebete und Demonstrationen auch woanders friedlich ablaufen würden. Am Dienstagabend haben wir in der Schlosskirche gemerkt, was dieses erste Gebet für ein Befreiungsakt war. So voll war die Kirche seit der Reformation nicht mehr. Die Menschen hörten auf jedes einzelne Wort. Da wurde mir klar, dass viele Menschen nicht mehr so weiterleben wollten. Übrigens waren es auch viele SED-Leute, die das Alte nicht mehr wollten. Ich habe Mut geschöpft, weil die Menschenmassen plötzlich da waren. Bis dahin waren wir ganz kleine Gruppen, die hätten die Machthaber alle wegräumen können. Die hätten sie auch in ihre Lager, die vorbereitet waren, verfrachten können. Wir wussten: Wir gehen aufs Ganze.

Deshalb war es großartig, dass das Volk der DDR, das sonst so geduckte, gebückte, verschwiegene, schizophrene, feige Volk plötzlich mit auf die Straße ging und sich zunächst den öffentlichen Reden der Bürgerrechtler anvertraute. Wir waren ihre Stimme, jedenfalls bis zum 9. November. Dass der demokratische Aufbruch friedlich ausgehen könnte und nicht wie am 17. Juni 1953, nicht wie 1956 in Ungarn, diese Hoffnung hat uns beflügelt. Aber die Angst stand immer noch mit in der Tür.

Wie haben Sie die Kommunalwahlen im Mai 1989 erlebt? . . . .
. . . .
Ich kam gerade ermutigt von der Ökumenischen Versammlung in Dresden (30. 4. 1989). Mit unseren Abschlussdokumenten hatten wir wirklich einmal etwas zu Stande gebracht – übrigens zusammen mit katholischen Geschwistern. Ich selbst bin zur Wahl gegangen und habe alles durchgestrichen. Man wusste ja nicht, wie man das richtig macht. Ich riet immer, dass man jeden Einzelnen durchstreichen müsse und dann das Ganze noch einmal. Das hatte ich viele Jahre so gemacht. Nach dem Gottesdienst hatten wir uns verabredet, dass wir die Wahl beobachten. Das haben wir auch getan. Leider hat uns die Wahlleitung nicht die Briefwahl beobachten lassen. Ansonsten muss ich sagen: In Wittenberg haben im Mai 1989 die meisten Menschen noch brav gefaltet. Am 7. Mai war hier noch nicht viel los. Die Genossen hatten immer noch die große Mehrheit der Menschen hinter sich, die bereit waren, mit einem Lächeln ihre Zettel zu falten. Wir haben gegen offensichtliche Fälschungen protestiert. Es waren wenige, die bereit waren, den Protest zu unterschreiben. Denn oft ist es so: Wenn man in einer Gruppe zusammen ist, haben viele den großen Mund, aber hinterher will kaum einer einen Protestbrief schreiben. Trotzdem: Dies war der erste, aber ganz massive Protest. Anschließend führten wir Einzelgespräche beim Bürgermeister. Übrigens haben die Genossen immer gedacht: Das ist sowieso nur

eine Initiative von einzelnen Drahtziehern. Die haben so gedacht, wie sie selbst waren: Alles komme nur von oben, überall gebe es keine Linien, die anderen seien nur Mitläufer. Sie rechneten nicht damit, dass es ganz selbständig denkende Menschen gab.

Das Wort »Reform« hatte seit Mitte der 80er-Jahre durch Gorbatschow einen neuen Klang bekommen. Welche Bedeutung hatte für Sie dieses Wort? . . . .
. . . .
Für mich war nicht das Wort »Reform«, sondern waren die Wörter »Glasnost« und »Perestroika« wichtig. Die Demokratisierung des sozialistischen Systems war ein Traum, der von 1968 kam. Ich hatte ihn selbst im August 1968 auf den Straßen von Prag geträumt. Das war der Traum, dass soziale Gerechtigkeit und individuelle Entfaltung miteinander verbunden werden könnten. Das war mein Traum und das ist er bis heute. Wenn heute das Wort »Reform« so missbraucht wird, dann sehe ich wirklich rot. »Reform« muss ein positives Wort bleiben und nicht ein Ersatzwort für »Abbau«. Die DDR hatte gemeint, sie habe mit Honeckers Politik seit dem VIII. Parteitag 1971 die Reform schon lange hinter sich. Sie brauche keine Perestroika und kein Glasnost. Es war sozusagen deutsche Arroganz gegenüber den sowjetischen Genossen. Aber die wirklich große Hoffnung für mich war – mich hat das auch emotional berührt –, dass aus dem Apparat plötzlich ein Mensch wie Michail Gorbatschow kam, der nicht nur seine eigenen Gedanken hatte, sondern diese auch noch formulieren konnte. Das waren wichtige Fragen, die nicht nur in der Sowjetunion und im sowjetischen Block anstanden, sondern die in der ganzen Welt anstanden. Er war in diesen ersten Jahren wirklich ein Politiker auf der Höhe der Zeit. Schade, dass das nicht gelungen ist. Der Westen war freilich auch nicht am Gelingen der Reform interessiert.

War für Sie der Sozialismus reformfähig?

Die Frage war: Kommt es zu einer Veränderung der Gesellschaft ohne Krieg, also ohne Bürgerkrieg und ohne den Krieg zwischen den Blöcken? Uns war die Frage wichtig, ob wir uns gegenseitig für reformfähig und reformbedürftig halten, so wie es im SED-SPD-Papier ausgedrückt wurde. Und eines war meinen Freunden und mir in all den Jahren klar: Wenn es zur Gewalt kommt, geht nichts mehr. Wir mussten einen friedlichen, einen entschlossenen, aber gewaltlosen Weg zur Veränderung des Systems suchen. Ich war überzeugt, dass man den Sozialismus mit seinen eigenen Waffen schlagen muss. Das hieß: Die Fragen, die Karl Marx gestellt hatte, an die eigene Gesellschaft stellen. Die Stasi wurde fuchsteufelswild, als ich mit den Studenten ab 1972 Marx las. Ich habe eben unideologisch Marx gelesen und finde immer noch, dass die sozialistische Emanzipationsbewegung Inhalte hat, die die Welt heute auch braucht. Aber was sie nie wieder braucht, ist eine leninistisch-stalinistische Kaderpartei.

In der DDR war der Alltag politisch. Deshalb suchten sich viele Menschen unpolitische Nischen. Im Jahr 1989 änderte sich das. Wann verließen Sie Ihre Nische? Wann wurden Sie von der Revolution erfasst?

Ich war nie in der Nische, sondern immer in der Gesellschaft. Ich habe mich, seit ich denken kann, dagegen gewehrt, dass der Staat mich voll »vergesellschaftet«, mich voll mit seiner Politik umschlingt und umfasst. Ich habe seit meiner Studentenzeit versucht, ihm mit offenem Visier entgegenzutreten. Viele Menschen haben sich tatsächlich ins Private zurückgezogen. Ich kann das verstehen. Es gab ja wenig Alternativen. Aber es gab auch Menschen, die haben so eine Nische nicht gehabt. Ich habe nicht in der Nische gelebt.

Aber ich habe innerhalb der Gesellschaft mit vielen Freunden ein anderes Leben geführt. Die kirchlichen Gruppen haben versucht, in der DDR-Gesellschaft eine Kontrastgesellschaft zu leben. Zum Beispiel waren unsere Synoden mitten im diktatorischen System Einübungsräume für Demokratie. Nirgendwo konnte man so Demokratie lernen.

Seit dem Beginn der Sommerferien 1989 flohen Tausende DDR-Bürger in den Westen. Was ging in Ihnen vor, als Sie die TV-Bilder von der Massenflucht sahen?.......................
....
Ich dachte: Die sind bekloppt! Die sollen hierbleiben und hier gegen das System kämpfen! Ich hatte im Hinblick auf diese Bilder keine guten Gefühle. Ich fürchtete: Der Überdruck wird abgelassen und die Funktionäre können dann wieder ihre Glocke über uns stülpen. Ich wollte, dass der Druck auf das System hier verstärkt wird. Dazu brauchte man möglichst viele Leute. Ich kann nur sagen: Den höchsten Respekt habe ich nicht vor denen, die in die Botschaft in Prag geflüchtet sind, sondern Respekt habe ich vor den 70 000 vom 9. Oktober in Leipzig. 70 000 Einzelne haben das System delegitimiert. Hier war klar: »Wir sind das Volk!« Nicht die SED war das Volk, sondern hier war tatsächlich das Volk auf der Straße und die SED begriff die Botschaft und resignierte, statt »die Konterrevolution« niederzuschlagen.

Seit 1975, also seit der Schlussakte von Helsinki, haben viele DDR-Bürger die Chance genutzt zu sagen: So, jetzt haben wir auch die Möglichkeit, das Land zu wählen, in dem wir leben wollen. Ich habe bereits damals als Studentenpfarrer gesagt: »Den Ausreiseantrag muss man sich wirklich erarbeiten.« Denn es ist richtig: Wer gegen das System opponiert und dann nicht mehr kann, der muss auch raus können. Aber viele haben als einzigen Widerstand gegen dieses System lediglich den Ausreiseantrag gesehen. Damit hatte ich meine Probleme. Ich hatte auch meine Probleme mit den Menschen, die in die Friedensgebete gingen und sie zu Treffen von Ausreisenden machen wollten. Denen ging es gar nicht um den Frieden, sondern darum, dass sie hier rauskamen. Die da wegwollten, die da wegrannten, waren größtenteils keine Widerständler, sondern Leute, die von diesem Land die Schnauze voll hatten: die, die ein richtiges Auto haben wollten, die, die konvertierbare Währung haben wollten, die, die Freiheit wollten, aber eben auch Leute, die bis dahin sehr angepasst waren.

Natürlich hat diese Massenflucht einen großen Beitrag dazu geleistet, das System zu Fall zu bringen. Aber es gingen eben auch die gut ausgebildeten Leute. Denn aus der DDR gingen die Menschen nicht nur aus politischen Gründen, weil sie Demokratie wollten, sondern weil die wirtschaftliche Lage in der Bundesrepublik immer besser war und sich dort Leistung wirklich lohnte. Die DDR war eben auch ökonomisch am Ende: Sie war ein Land, das nicht in der Lage war, zuverlässig Zahnbürsten herzustellen und eine Zahnpasta, die schmeckt, ganz abgesehen vom technologischen Rückstand. So lief doch kein moderner Staat! Die DDR war ökonomisch, politisch und moralisch am Ende.

Dass dann aber im Sommer 1989 so viele weggingen, war für die Einzelnen, die weggingen, zwar eine Befreiung, doch für uns war es meistens deprimierend. Denn wir konnten diesen Widerstand gegen das System hier brauchen. Ich dachte immer: Bloß nicht ins Gefängnis kommen, dann wirst du kaputtgemacht und abgeschoben. »Bleibe im Lande und wehre dich täglich.« Das war der Spruch, den wir seit Mitte der 80er-Jahre hatten. Wehre dich täglich – und dafür brauchst du auch die anderen. Und wir haben uns dann gemeinsam gewehrt. Der große revolutionäre Spruch war: »Wir bleiben hier!« Derjenige, der diesen Spruch erfunden hat, verdient das Bundesverdienstkreuz. Es hieß nicht mehr: »Wir wollen raus hier!«, sondern: »Wir bleiben hier!« Dieser Spruch ist als eine Veränderungsankündigung zu verstehen. »Wir bleiben hier!« - aber wir wollen nicht, dass es so bleibt wie es ist. Dieser wunderbare Satz, den die Leute in Leipzig gerufen haben, hat uns wieder Mut gemacht. »Wir bleiben hier!« - Aber wir lassen uns das, was ihr hier macht, nicht länger gefallen.

Warum sind Sie in der DDR geblieben?..................
....

Weil das Land den Funktionären nicht gehörte. Das habe ich auch meinen Freunden aus dem Westen immer gesagt: Ich bleibe hier, weil denen das Land nicht gehört. Und das musste ihnen auch gesagt werden: Ihr könnt mit dem Land, dieser Kultur und diesen Menschen nicht einfach machen, was ihr wollt. Ich bin dageblieben, um zu sagen: Euch gehört es nicht. Ihr seid auch nicht »das Volk«. Ihr seid nicht legitimiert, nur in eurer deterministischen Geschichtsideologie, also vom angeblichen objektiven Geschichtsverlauf hin zum Sozialismus/Kommunismus.

Was ging Ihnen durch den Kopf, als Sie die Bilder von Hans-Dietrich Genscher auf dem Prager Balkon sahen? Was bedeutete damals für Sie dieser Schrei der Menschen?...............
....

Ich fand es wunderbar, dass diese Menschen befreit waren. Ich habe diese Bilder mit innerer Bewegung im Westfernsehen gesehen. Die Menschen kamen damals aus einer ausweglosen Situation. Es war eine Befreiung. Dass die Führung der DDR dann aber die Leute durch die DDR karrte, war das Falscheste, was sie machen konnte. Mein Gefühl war zudem, dass es Genscher neben seiner großen Entspannungspolitik, die zu geopolitischen Veränderungen geführt hat, auch immer um die Einzelnen gegangen ist. Seit er Außenminister war, habe ich große Hochachtung vor ihm. Er war der wichtigste Mann, der das diplomatisch vorbereitet hat. Ich habe das alles im Zusammenhang mit Fragen der Entspannungspolitik gesehen, die schließlich dazu führte, dass Gorbatschow nicht mehr bereit war, die DDR militärisch zu unterstützen.

Ende September gab es die ersten größeren Demonstrationen in der DDR. Wie haben Sie damals diese ersten Zeichen des Aufbruchs erlebt?

Ich habe am 4. September 1989 in Leipzig einen Vortrag gehalten. An diesem Abend gab es die ersten Übergriffe. Eine Woche später, am 11. September, kam es zu beängstigenden Übergriffen. Es war eine unglaublich angespannte Situation. Wir wussten nicht, wie alles ausgeht. Aber es waren genügend Leute da, die bereit waren, in die vorbereiteten Lager zu gehen. Das wirksamste Signal war der Verlauf der Demonstration am 9. Oktober. Es hätte alles ganz anders ausgehen können. Nach wie vor kann ich es nur als ein Wunder deuten, dass keiner die Nerven verlor. Es wurde keiner von den Leuten aus dem Staatsapparat oder Sicherheitsapparat gelyncht und keiner von denen hat zur Pistole gegriffen. Die Weltgeschichte wäre anders verlaufen, wenn irgendjemand die Nerven verloren hätte. Nirgendwo fiel ein Schuss. Und nirgendwo kam ein Staatsvertreter oder ein Demonstrant zu Tode. Man vergesse nicht die bürgerkriegsähnlichen Vorgänge Tage zuvor in Dresden ...

Im September wurde das Neue Forum gegründet. Der Name »Neues Forum« wurde bald zu einem Markenzeichen für Reformwillige. Wie standen Sie zum Neuen Forum bzw. zu den anderen neuen Oppositionsgruppen?

Am 21. August habe ich zusammen mit einigen Freunden in der Dresdner Wohnung eines Pfarrers, der abwesend war, den Demokratischen Aufbruch gegründet. Wir hatten diesen Ort gewählt, weil wir irgendwo hingehen wollten, wo wir nicht abgehört werden. Die eigentliche Gründungsveranstaltung sollte am 1. Oktober 1989 in Berlin stattfinden. Dazu wollten wir 100 Leute aus allen Oppositionsgruppen einladen. In Dresden hatten wir uns auf die grundsätzlichen programmatischen Überlegungen verständigt. Wolfgang Schnur hat das alles brühwarm der Stasi erzählt und die Stasi hat den Gründungsversuch dann am 1. Oktober in Berlin verhindert.

Vorher hatte sich bereits das Neue Forum gegründet. Ich fand es schade, dass wir uns am Anfang der Demokratiebewegung zersplittert haben. Die Zersplitterung der Demokraten ist immer ein Vorteil für die Diktatoren. Zwischen den neuen Gruppierungen gab es viele vergleichbare Punkte. Die Unterschiede zwischen dem »Demokratischen Aufbruch« und »Demokratie jetzt« waren minimal. Auch zu anderen Gruppierungen gab es wenig Unterschiede. Das »Neue Forum« hatte aber die publizistische Oberhand und wurde dann einfach zu der Sammlungsbewegung, die wir uns im Demokratischen Aufbruch ebenfalls gewünscht hatten. Ich fand ebenfalls sehr schade, dass sich dann noch nebenbei die SDP gründete. Wir wollten eigentlich alle oppositionellen Kräfte bündeln und sammeln. Denn davor hatte die SED am meisten Angst: dass sich eine Opposition vernetzt und organisiert.

Gab es für Sie im Jahr 1989 einen Punkt, an dem Sie für sich eine unwiderrufliche Entscheidung zu treffen hatten, die Sie sich reiflich überlegen mussten? – Wenn ja: Welche Entscheidung mussten Sie treffen? Welche Faktoren waren ausschlaggebend?

Für mich war das eigentlich eine Kette von Entscheidungen: Da gab es die Entscheidung, nach Berlin zur Gründung des Demokratischen Aufbruchs zu fahren. Zuvor hatte ich meiner Tochter die Vollmachten für meine Verteidigung überlassen, falls ich im Gefängnis verschwinde. Immerhin durften zwei meiner Freunde, die zu dem

Treffen am 1. Oktober kommen wollten, gar nicht erst in den Zug in Weimar bzw. Güstrow einsteigen. Ich bin dann auf verschlungenen Wegen aus Wittenberg raus, weil ich dachte, die halten mich gleich in der Stadt auf. Wir waren fünf Wittenberger und wurden in Berlin mit einem Polizeiauto verfolgt. Da dachte ich: Ich komme vielleicht nicht wieder nach Hause. In Pankow stand die Bereitschaftspolizei mit Mannschaftswagen, und man ließ uns nicht ins Gemeindehaus. Da habe ich zu meinen Freunden gesagt: »Kommt, gehen wir weg. Es hat keinen Zweck. Wir werden hier verladen.« Da haben meine Freunde gesagt: »Nein, wir bleiben jetzt hier, auch wenn sie uns verladen.« Die Gründungsversammlung konnten wir dann erst am 30. Oktober in Berlin abhalten. Seit dem 1. Oktober wusste ich aber: Es gibt kein Zurück mehr. Es gibt nur noch ein Voran. Hinterher sind viele sehr schlau, aber damals wussten wir nicht, wie das ausgeht. Wir wussten nur: Das lassen wir uns jetzt nicht länger gefallen.

Gab es für Sie im Herbst 1989 einen Moment der Angst? Vor was haben Sie sich gefürchtet? Wie haben Sie reagiert? . . . .
. . . .
Meine Angst hatte sich seit September 1989 verstärkt. Ein Genosse – er war der Vater eines Mitschülers meiner Tochter – hatte mir gesagt: Bis zum 7. Oktober bleibt alles ruhig. Aber danach geht es los. Er meinte damit: Danach schlägt der Apparat zu. Ich hatte in jener Zeit wirklich Angst. Ich habe anonyme Anrufe und Briefe bekommen. Das ist nicht so angenehm, vor allem, wenn man nachts angerufen wird.

Innerlich wurde ich aber von einem Vorgang sehr bestärkt, der etwas Symbolisches hatte: Anfang September 1989 kamen zwei Leute aus Westberlin zu mir, die Kontakt zu der ZDF-Fernsehjournalistin Marianne Regensburger hatten. Sie sagten mir, dass ich am 10. Dezember, dem Tag der Menschenrechte, die Carl-von-Ossietzky-

Medaille für Menschenrechte bekommen würde. Diese Medaille hatten vor mir Erich Fried, Lea Rosh, Heinrich Albertz und andere bekommen, die ich sehr geschätzt habe. Und jetzt sollte ich diese Auszeichnung bekommen! Den beiden Westberlinern sagte ich: »Ja, das können Sie gerne machen. Aber es ist wohl klar, dass ich zu der Feierstunde nicht hinfahren, sondern nur einen Text schreiben kann.« Wer hätte damals gedacht, dass ich am 10. Dezember mit dem eigenen Auto in die Kongresshalle fahren konnte, um diese Medaille zusammen mit Antje Vollmer in Empfang zu nehmen? Aber ich weiß noch: Im September 1989, in der Zeit der Angst, war diese Auszeichnung eine unglaubliche innere Bestärkung.

Welche glücklichen Momente verbinden Sie mit dem Herbst 1989?
....
Der glücklichste Moment war für mich der 4. November, die große Demonstration auf dem Berliner Alexanderplatz. Ein so kluges, scharfsinniges und witziges Volk hatte ich nicht erwartet. Man muss sich nur nochmal die Plakate anschauen. Was in diesem Volk steckte! Und dass alles friedlich abging. Auch an diesem Tag hatte ich zunächst Angst, dass Provokateure Gewalt provozieren und Gewalt gegenseitig eskalieren könnte. Ich fand es durchaus mutig, dass an diesem Tag auch Günther Schabowski gesprochen hat. Er hat sich den Pfiffen ausgesetzt. Man muss sich die Bilder anschauen, wie Schabowski an dem Tag ausgesehen hat! Und schließlich das befreiende Lachen nach Seffi Spiras »Rücktritts-Rede«.

Der 4. November war für mich der glücklichste Tag. Ich glaubte: Jetzt können wir dieses Land demokratisch in die eigenen Hände nehmen, über einen Prozess der »sanften Zweistaatlichkeit« bis zur Einstaatlichkeit kommen. Ich wollte nicht, was nach dem 9. November passierte: dass das Gebiet der DDR im Vereinigungsprozess als eine Art Konkursmasse in das neue, vereinigte Deutschland einging. Daran tragen wir bis heute.

Welche Rolle haben aus Ihrer Sicht die Kirche und der Glaube im Herbst 1989 gespielt?

Für mich und für viele andere Menschen hat der Glaube eine ganz entscheidende Rolle gespielt. Wir haben in Wittenberg seit dem 10. Oktober 1989 für Erneuerung gebetet. Dabei ging es nicht nur um gesellschaftliche Erneuerung, sondern auch um uns selbst, um jeden Einzelnen. Der Glaube hat eine große Rolle gespielt. Die Lieder, die wir in der damaligen Zeit gesungen haben, haben tief gewirkt. Es gab das polnische Lied »Bewahre uns Gott, behüte uns Gott«. In diesem Lied war von Wüste, Not und Entbehrung die Rede. Ich selbst hatte 1983 ein kleines Lied verfasst: »Lieb dein Land, brich die Wand«. Dieses Lied wurde in Wittenberg zum Ohrwurm. In diesem Herbst wirkten ganz einfache Verse des Glaubens motivierend, beruhigend, bestärkend. Auch die Bibel hat in diesen Tag eine besondere Rolle gespielt. Die alten Texte sprachen auf einmal ganz anders und die Mitarbeiter in den Kirchen waren in der Lage, diese Texte auf die Gegenwart zu beziehen. Ich glaube, selten hat die Bibel so deutlich in der richtigen Weise zu den Menschen gesprochen wie in jenem Herbst im Jahr 1989. Man muss das sagen vor dem Hintergrund einer Missbrauchsgeschichte biblischer Texte bei der Rechtfertigung und Durchführung von Kriegen. Hier waren die biblischen Texte, die sich auf Gewaltfreiheit, Versöhnung, Veränderung und Umkehr richteten, prägend, tragend, ermutigend und orientierend, z. B. 40 Jahre Wüstenwanderung der Hebräer aus ägyptischer Sklaverei, das Manifest Bergpredigt, die Psalmen 85; 121; 126 u. a.

Warum blieb die Revolution friedlich?

Es ist letztlich nicht zu erklären. Ich glaube, das, was da passiert ist, ist schlicht wunderbar und man kann durchaus Gründe aufzählen,

Abläufe analysieren. Es gibt vielleicht drei Gründe, warum es friedlich verlaufen ist.

Erstens: Die Sprecher der Opposition, die es in verschiedenen kleineren und größeren Orten gab, haben sich meist in den Kirchen getroffen. Sie konnten den Machthabern vermitteln: Wir werden euch nicht aufhängen. Ihr werdet auch in neuen Verhältnissen leben können. Das hieß zugleich: Ihr müsst jetzt nicht schießen, um euer Leben zu retten. Sondern ihr könnt hinterher auch noch leben. Hans Modrow hat mit seinem Signal in die Partei hinein den Genossen ebenfalls klargemacht: Leute, also danach könnt ihr auch noch leben. Was man heute als Macht und Eigentumssicherung für die SED versteht, das war für den friedlichen Verlauf ein nicht unwichtiges Signal. Dieses Angebot hatte durchaus auch etwas Problematisches. Denn viele schwammen natürlich wie Fettaugen wieder oben. Das muss man dann eben in Kauf nehmen.

Das Zweite: Die SED spürte, dass sie am Ende war. Der Staat war ökonomisch am Ende. Es ging nicht mehr weiter. Und die Sowjetunion war nicht bereit, ihre Truppen einzusetzen, wenn das Volk auf die Straße geht. Die Einsatzkräfte waren auch nicht bereit, auf die Leute zu schießen. Ich glaube, dass dieser friedliche Prozess – die gigantischen Umgestaltungen nicht nur unserer Gesellschaft, sondern auch der Weltgesellschaft – ein Ergebnis des Verhaltens beider Seiten war, sowohl das Verhalten der bisherigen Machtträger als auch das Verhalten der Opposition. Beide haben sich der Gewalt enthalten und das ist natürlich etwas ganz Großes, wenn man sieht, wie anders es in Rumänien zugegangen ist. Beide Kontrahenten haben sich an das Prinzip der Gewaltlosigkeit gehalten.

Der dritte Grund: Die DDR-Führung merkte, dass sie in jeder Hinsicht mit ihrem Latein am Ende war. Sie hatte nicht mehr die Zustimmung des Volkes, auch nicht mehr die Zustimmung des eigenen Apparates. Die Väter, die in Leipzig in den Uniformen der Kampfgruppen waren, sahen, dass die Demonstrierenden ihre

Kinder waren. Da gab es dann eben doch eine Schießhemmung. Die SED konnte sich ihrer Leute, sogar ihrer Sicherheitsorgane, nicht mehr sicher sein.

20 Jahre sind seit der Revolution vergangen. Was ist vom Aufbruch 1989 geblieben? . . . .
. . . .
Freiheit ist ein Genuss. Aber ihr Gebrauch bedarf, um nicht zur Willkür zu werden, einiger menschen-, natur- und sozialverträglicher Regeln. Wir sind in der Demokratie angekommen. Wir stehen im einigen Deutschland vor drei gemeinsamen Herausforderungen: Wie erhalten wir den Frieden weltweit? Wie verhindern wir, dass die Arm-Reich-Schere noch weiter auseinanderklappt? Denn wir wollten Gerechtigkeit, wir wollten keine Privilegien mehr, auch keine neuen Privilegien! Und: Wie erhalten wir die Schöpfung? Das sind auch drei der großen Fragen gewesen, die uns im Herbst 1989 beschäftigt haben: Wie bleibt Frieden? Wie wird Gerechtigkeit? Und wie erhalten wir uns diese wunderbare Schöpfung? Die Dinge bleiben als Aufgabe, aber glücklicherweise unter den Bedingungen der Demokratie. Was bleibt, ist die Forderung und Herausforderung an die Bürger und Bürgerinnen, sich am demokratischen Prozess aktiv zu beteiligen. Diese Beteiligung ist leider zu gering geworden. Aber das Lebenselixier für Demokratie ist die Mitbeteiligung von Demokraten. Das müssten nur noch mehr Bürger wieder begreifen! Demokratie ist schneller verloren als wieder errungen, wenn sich erst einmal Diktatoren und totalitäre Ideologien einnisten.

Hans-Dieter Schütt

Hans-Dieter Schütt (geb. 1948 in Ohrdruf, verheiratet, zwei Kinder) studierte Theaterwissenschaften, arbeitete als Journalist und war von 1984 bis Ende 1989 Chefredakteur der FDJ-Tageszeitung »Junge Welt«.

Hans-Dieter Schütt lebt heute in Berlin und ist als Journalist und Publizist tätig. Er veröffentlichte Biographien (Regine Hildebrandt, Kurt Böwe) und zahlreiche Interview-Bücher (u. a. mit Inge Keller, Reinhold Messner, Klaus Löwitsch, Frank Castorf, Thomas Langhoff).

Wann haben Sie im Jahr 1989 zum ersten Mal gespürt, dass sich in der DDR etwas ändert? Wie haben Sie darauf reagiert? ....
....

Vorausschicken muss ich, dass Sie mit jemandem sprechen, der bis zum letzten möglichen Tag ein Propagandist Honeckers war. Auf das, was Sie »Abweichung« nennen, reagierte ich, als Parteijournalist, gleichsam mit rhetorischer Waffengewalt. In der »Jungen Welt« wurde die Bürgerrechtlerin Bärbel Bohley als »Staatsfeindin« betrachtet; bereits jenen aufstörenden westlichen Meldungen über die Proteste bei der Luxemburg-Liebknecht-Demonstration im Januar 1988 hatten wir in der Zeitung attestiert, sie machten eine »Mücke zum Elefanten«. Neonazis und Rowdies, die in der Berliner Zionskirche Mitglieder der Umweltbibliothek angriffen, stellte ich in eine Reihe mit friedlichen Mahnwachen für eine andere DDR. Friedrich Schorlemmer, den Pfarrer aus Lutherstadt Wittenberg, bezeichnete ich als »trojanisches Pferd« des Westens. Es führt eine lange Kette der seelischen Erstarrung und der praktischen Rücksichtslosigkeit, gerichtet gegen den kritischen Geist, hin zu jener Brutalität der Übergriffe auf Demonstranten im Herbst 1989, und ich kann mich als Journalist und Chefredakteur nicht außerhalb volkspolizeilicher Gummiknüppel stellen; jeder auf der Schreibmaschine angetippte Buchstabe glich ebenfalls einem Hieb. Ich sah keine »Abweichung«, die von innen her gegen die Kesselwand drückte; ich sah nur den Klassenfeind, der verschärft operierte, in dem er sich bestimmter DDR-Bürger bediente. Damals wähnte ich den Sozialismus in einer besonders harten Konfrontation mit dem Imperialismus; das war mein »Denken« auf abstrakter Ebene, in dem der einzelne Mensch – der sehr real in einer grauen, gelähmten, lethargischen DDR lebte und der so gar nicht das ideologische Wunschbild bediente, das wir unbeeindruckt dröhnten – längst keine Rolle mehr spielte. Ich ging in meine Redaktion, immer zielgerichtet am wahren Leben vorbei. Am allerwenigsten spürte ich, wie ich doch selber, als Charakter, in der

Funktionalität verschwunden war. Noch immer lese ich mit Erschrecken Bücher von Arnolt Bronnen, Arthur Koestler, Manès Sperber oder Jorge Semprun und begreife das Selbstverbot, sich solcher Literatur schon zu DDR-Zeiten anzuvertrauen, ja auszusetzen: Denn ich wäre womöglich, hätte ich mir klare Momente noch gestattet, auf den Zerstörungsmechanismus des eigenen ethischen Immunsystems gestoßen. Dieser Mechanismus mischte sozialistische Überzeugung, Ehrgeiz, Pathosanfälligkeit, Einsichtsvermögen, Feigheit und Talent (eine Zeitung zu gestalten) zu einem tollen Gift. Ich half gleichsam der Stasi: Ich war mit Freuden mein eigener Überwachungsapparat. Die IMs saßen im eigenen Kopf und berichteten mir über mich, wenn ich abends, im mehr und mehr aufgebrachten Familienkreis, wackelte, schwankte, zweifelte, erschöpft war. Am anderen Morgen aber war alles wieder »gut«. Ich sah selbst parteilichste FDJ-Kollektive in jenem ersten Halbjahr 1989 sehr offen und wütend kritische Fragen an uns Funktionäre stellen – auch sie schüchterte ich ein mit Disziplinierung; und nicht einen einzigen Moment wähnte ich mich dabei opportunistisch. Im Gegenteil: Je heftiger ich mich in meiner Politbüro-Hörigkeit abrackerte, desto verfestigter kam ich mir wie ein wahrer Kämpfer vor. Was andere Stillstand nannten, nannte ich: unerschütterlichen Standpunkt. Es nahm groteske Züge an. Meine zwei Kinder (damals fünfzehn und elf) weigerten sich, mit mir frühmorgens in den Fahrstuhl in der 18. Etage unseres Berliner Hochhauses zu steigen, aus Scham vor den Leuten, die auf dem Weg nach unten zusteigen würden. Der Grund: Ich trug das Blauhemd – und war doch immerhin schon 41 Jahre alt! Die Durchhalteparolen jagten mir schneller durchs Innere als das Blut durch die Adern.

Wie haben Sie die Kommunalwahlen im Mai 1989 erlebt? . . . .
. . . .
In diesem Jahr 1989 lebte ich einzig und allein in den Kommentaren, die mein Weltbild reproduzierten und die mit Wahrnehmungen sehr

wählerisch umgingen: Eine Lüge, die diesem Weltbild nützte, galt mir nicht als Lüge. Selbstredend sickerten die Diskussionen zu den Kommunalwahlen auch ins Private, natürlich gab es im redaktionellen Alltag immer stärkere Kontroversen über die verlogene Widerspiegelung der Realität, allein: Nach außen hin wurde weiter strammgestanden. Das Schlimmste ist ja (das weiß ich heute!): Irgendwann empfindet man es nicht mehr als großen Verlust, dass einem das kritische, fragende Denken abhanden kam, und dann interessiert einen auch gar nicht mehr, was andere so maßlos erregt und bewegt. Was nützt internes Kopfschütteln über die Hundert-Prozent-Manie der SED bei Wahlen, wenn man keine persönliche Konsequenz daraus zieht! Die vielen SED-Mitglieder, die damals ziemlich empörte, verwirrte, ratlose Briefe an die Führung schrieben, wegen der Kommunalwahlen, wegen des »Sputnik«-Zeitschriftenverbotes, später dann wegen des Schweigens zu den Vorgängen etwa in der Prager Botschaft – sie waren mutiger als ich, und sie, deren Unzufriedenheit weiter wuchs, immer im Konflikt mit einer quälenden Treue zur Partei, sie gehören für mich wesentlich zu denen, die den Frieden des herbstlichen Untergangs mit sicherten. Was ich, als Zeitungsmacher, zu verantworten hatte, fiel auch diesen Menschen in den Rücken. Ich muss es so bitter sagen: Diese Kommunalwahl ist mir wie ein fernes Rauschen. Ich habe keine feste Erinnerung an sie, sie hat mein Leben nicht tangiert, stumpf fügsam brachte ich die offiziellen Verlautbarungen in die Zeitung, ich hatte kein Gefühl für die reale stickige, dann brenzlige Atmosphäre. Taktisch hätte ich es zwar auch besser gefunden, Wahlergebnisse nicht so routiniert hundertprozentig abzutreiben, aber ich interessierte mich nicht für die Erregung, die diese Wahl ausgelöst hatte. Ich verschlief auf dem Dienstweg das Einläuten der Schluss-Stunde.

Das Wort »Reform« hatte seit Mitte der 80er-Jahre durch Gorbatschow einen neuen Klang bekommen. Welche Bedeutung hatte für Sie dieses Wort? . . . .
. . . .
Es wurde »der Sozialismus in den Farben der DDR« propagiert. Politbüro-Mitglied Kurt Hager sprach im Hinblick auf Glasnost und Perestroika davon, man müsse nicht die Tapeten wechseln, nur weil das der Nachbar mache, und Honecker würde bald von den massenhaft Fliehenden reden, denen man keine Träne nachweine. Vorher hatte es in Richtung »Solidarnosc« in der SED durchaus, in sogenannten Polen-Witzen, einen unterschwelligen Politchauvinismus gegeben, und ich hatte mich dazu hinreißen lassen, in einem Artikel den sowjetischen Film »Die Reue« zu entwürdigen. Dafür schäme ich mich noch immer zutiefst. Und wenn ich nach Hause fuhr, zu meinem Vater nach Thüringen, brach Streit aus, weil er für das Kriegsmassaker von Katyn die Sowjetunion verantwortlich machte. Gorbatschows Glasnost gab ihm Recht. Wer aber war Gorbatschow! Soweit zu meinem »Reform«-Empfinden. Freilich spürten auch wir in der FDJ, trotz aller freiwillig betriebenen Blindheit, dass es wohl mit Honecker, nach dem schweigekalten Sommer 1989, so nicht weitergehen könne. Es war auch die FDJ-Spitze, die im Frühherbst 1989 Egon Krenz bedrängte, im Politbüro zu handeln. Manchmal gibt es in solchen Situationen sogar eine absurde Gleichzeitigkeit divergierender Verhaltensweisen. Zu jenem Paradox, das sich die Wahrheit gern erlaubt, um uns Menschen im Urteil über die Dinge noch im Nachhinein zu verwirren, gehört also auch dies: Als sich der Fackelzug zum 40. Jahrestag der DDR in den Berliner Straßen formierte, weitläufig rund um die Allee Unter den Linden, da wurde allen Mitmarschierenden die Erlaubnis erteilt, vor der Ehrentribüne das zu skandieren, was am Herzen läge. Das war der Freibrief, und es war klar: Dort hinauf, wo Honecker neben Gorbatschow stünde, um ihm »seine« treue Jugend zu präsentieren, würde es ununterbrochen hinaufschallen: »Gorbi, Gorbi!«

Wir traten mit dem Fackelzug an zum pathetischen Rapport und präsentierten beides: dieses Pathos des uniformierten Jubels - und den Verrat, den die Spontaneität besorgte. Es gibt Fotos, die den Frost in Honeckers Gesicht zeigen. Heute denke ich mitunter: Wahrscheinlich kamen wir uns mutig vor. Es war auch - endlich - ein Ruck. Aber da hatten wir nun jahrelang und ausdauernd gekatzbuckelt, zum Teil wahrlich aus tiefer Überzeugung, und jetzt, da alles schon ohne uns ins Laufen kommen würde, da stellten wir uns als Reformer aus und ließen einen verwirrten alten Mann zurück, der folgerichtig jene Funktionärs-Welt nicht mehr verstand, die ihm doch bis eben so bereitwillig, so selbstlos, so einverständlich schweigend und unkritisch zu Füßen lag.

War für Sie der Sozialismus reformfähig?.................
....
Ja, natürlich. Aber nur in den bestehenden Machtstrukturen. Ich dachte: Dieser frühe rohe Sozialismus entstand einst unter halbkolonialen und sehr militanten Umständen. Was dieses Gesellschaftswesen also hätte sein können, ist schwer zu sagen, weil es auf Grund massiver äußerer Bedrängungen zu sich selbst nie kam. Wir sagten zu dem, was war: Sozialismus. Aber ich dachte da immer gleich mit, dass doch etwas ganz anderes gemeint sein könnte. Wir gingen an der Ökonomie kaputt, wir haben diesen Bankrott wahrlich erwirtschaftet, aber diese reale Abhängigkeit vom Bezahlbaren - erzählte sie wirklich etwas über den wahren Sozialismus, dies erwünschte Unbezahlbare? Wir gingen zu Grunde, aber wir kamen nicht dazu, wirklich an dem zu scheitern, was ein Scheitern wert gewesen wäre. Bevor Kohl mit seinen blühenden Landschaften herumflachste, hatten wir doch schon selbst die Strohhalme, nach denen wir griffen, in fruchtbarste Weizenfelder umgedichtet. Aber manches ermutigte doch tatsächlich! Selbst in den Medien gab es winzige Fortschritte, auch auf anderen Gebieten, immer stopfte einem irgendein abgehetzter Etappensieg des Systems das schon zur Kritik aufgeklappte

Maul. Manches Verbesserlichein den Betrieben wurde durchgekämpft, wenn auch alle Gemüter mürber und mürber in sich zusammenfielen. Die Kunst- und Literaturlandschaft atmete, wenn auch schwer, und das dank derer, die nicht nur immer schreibend, spielend, malend Probleme lösen, sondern Probleme leben wollten. Die FDJ setzte sich im Übrigen für ein zeitgemäßeres, offeneres Jugendfernsehen ein, und überhaupt: Der Staat lernte durchaus, vor seinen Bürgern etwas zurückzuweichen, es gab eine Übereinkunft zwischen Oben und Unten, einander möglichst in Ruhe zu lassen, zudem: Bei Honecker gaben sich westliche Politiker die Klinke in die Hand – selbst das bestätigte mich! Auch gab es immer wieder diesen Kampf ums kleine Beispiel, mit dem man sich selbst um die Wahrheit – die trostlose Tendenz zum Ende – betrog: Als ein Pfarrerssohn in der Klasse meiner Tochter keine Chance bekam, im Gruppenleben, wie man so sagte, gesellschaftlich mit aktiv zu sein, zürnte sich meine Frau durch alle möglichen Instanzen – und es war erfolgreich. War da nicht das alte Modell: Immer kommt es auf den Einzelnen an? Oder Brecht: Es setzt sich nur so viel Vernunft durch, wie wir selber durchsetzen? Das wird wohl bis in alle Ewigkeit stimmen, nur blieb in der DDR der Grund unantastbar, der den Staat delegitimierte: die Unfreiheit, die seine Basis war. Der Sozialismus unserer Prägung blieb fortgesetzt die Philosophie von der dauernden Schuld der anderen; die Wahrheit hatte zwei Seiten: unsere und die falsche. Was wirkliche Reformen anbelangt, hatte Heiner Müller Recht mit seinem Satz: Ein Schritt nach vorn wäre noch kein Leben, zwei Schritt nach vorn wären tödlich.

In der DDR war der Alltag politisch. Deshalb suchten sich viele Menschen unpolitische Nischen. Im Jahr 1989 änderte sich das. Wann verließen Sie Ihre Nische? Wann wurden Sie von der Revolution erfasst? ....
..

Ich wurde von der Revolution erfasst, als sie zu Ende war. Ich bin nur Nutznießer.

Seit dem Beginn der Sommerferien 1989 flohen Tausende DDR-Bürger in den Westen. Was ging in Ihnen vor, als Sie die TV-Bilder von der Massenflucht sahen? Was ging Ihnen durch den Kopf, als Sie die Bilder von Hans-Dietrich Genscher auf dem Prager Balkon sahen? Was bedeutete damals für Sie dieser Schrei der Menschen? ....
..

Es gibt eine Suggestionskraft von Bildern, die ist von keiner Bewusstseinskühle zu trüben oder zu dämmen. Auf diese Bilder des Sommers starrte ich gebannt, auch wenn ich ihre Protagonisten eher wie Verräter betrachtete und mir absolute Fremdheit einredete – bei dem, was ich da sah und hörte. Ich sah und hörte nicht, dass es dort im Grunde auch um mich ging. Dieser Schrei, der Genschers Worte unterbrach, der schrie auch mich weg von der Bildfläche. Wir dachten, wir hätten die Dinge noch in der Hand, wir sahen nur den anderen auf die Finger, nicht uns, sonst hätten wir bemerkt, dass wir nichts im Griff hatten, wir krallten uns nur noch an uns selber fest. Das war nicht viel. Der Schriftsteller Uwe Tellkamp hat in einem Interview diesen Schrei als Splitter bezeichnet, der sich ins Hirn der Macht, des Systems trieb. Das genau war es. Und ich denke, dass uns der Schmerz taub und zugleich aggressiv gemacht hat, diesem Treiben da zu widerstehen. Wahrscheinlich mutmaßte ich damals sogar, nun werde wieder Ruhe einkehren.

Warum sind Sie in der DDR geblieben?

Weil sie mich in meinem Traumberuf arbeiten ließ. Weil ich sie per Dienstreise in den Westen auch verlassen durfte. Weil es mir gut ging. Weil ich für meinen Beruf so brannte, dass mich nicht beeinträchtigte, jahrelang in Berlin keine Wohnung zu bekommen, also täglich fast bis Frankfurt (Oder) fahren zu müssen. Weil ich eines Tages eine ganze Zeitung machen konnte. Weil die Bundesrepublik kapitalistisch war. Weil ich daran glaubte, dass es bei uns, langsam freilich, doch vorwärtsgehen würde. Weil ich viele unlösbare Kernprobleme für eine »Kinderkrankheit« des Systems hielt. Weil ich gelernt hatte, wegzusehen. Weil ich manches nicht wusste. Weil Solidarität zwar oft ein leeres Portemonnaie, aber dennoch nie ein leeres Wort war. Weil mir die Nähe zur Macht schmeichelte. Weil ich ein Mensch bin, der lieber »ja« als »nein« sagt. Weil ich zur Disziplin neige. Weil ich die Arroganz des Westens beleidigend fand. Weil ich viele Menschen kannte, deren ehrliches Leben für diesen Staat mich überzeugte. Weil ich mit dem (später sogenannten) verordneten Antifaschismus einverstanden war und ansonsten nicht darüber nachgedacht hatte, dass das beste Mittel gegen den Faschismus nicht Antifaschismus, sondern Demokratie ist.

Ende September gab es die ersten größeren Demonstrationen in der DDR. Wie haben Sie damals diese ersten Zeichen des Aufbruchs erlebt?

Ich habe sie nicht erlebt, ich habe sie verurteilt. Ich bin nicht ein einziges Mal in der Nähe dieser Menschen gewesen. Später redeten alle durcheinander, um die Wahrheit über die DDR zu sagen, ich kannte nicht einmal den entscheidenden Teil ihrer Wirklichkeit. Zu jener Zeit hatte ein Mann versucht, vom Dach unseres Hochhauses in der Leipziger Straße mit einer Flugkonstruktion über die nahe Mauer zu fliehen. Er war abgestürzt, aufs Dach der gegenüberliegenden Schule gestürzt, er war wohl geflohen, es gab aber Blutspuren, und mein kleiner Sohn fragte: »Mutti, würden wir den hereinlassen, wenn er klingelte?« Als meine Frau mir das berichtete, erzählte sie auch, dass die schon etwas ältere Tochter einwarf: »Aber wir dürften es nicht dem Vati sagen.«

Im September wurde das Neue Forum gegründet. Der Name »Neues Forum« wurde bald zu einem Markenzeichen für Reformwillige. Wie standen Sie zum Neuen Forum bzw. zu den anderen neuen Oppositionsgruppen?..

Da reicht ein Satz, wieder eine »Junge Welt«-Überschrift zu einem Text über den Bürgerrechtler Rolf Henrich: »Henrich, mir graut's vor dir«. Wenn heute über zwei Diktaturen in Deutschland debattiert wird, werde ich sehr leise. Es gibt eine Tonart, die geht mit Haftbefehl durch alle Zeiten. Alter Wein in neuen Schläuchen: Rausch bleibt Rausch.

Gab es für Sie im Jahr 1989 einen Punkt, an dem Sie für sich eine unwiderrufliche Entscheidung zu treffen hatten, die Sie sich reiflich überlegen mussten? – Wenn ja: Welche Entscheidung mussten Sie treffen? Welche Faktoren waren ausschlaggebend?..

Journalismus in der DDR war ein Dienstleistungsbetrieb, wir leiteten weiter, ich hatte die Entscheidung getroffen – dies, für die politischen Auftraggeber beruhigend – ideenreich, aggressiv und vor allem fraglos zu tun. In diese Fraglosigkeit eingebettet war freilich ein ständiges taktisches Abwägen dessen, was sich die Zeitung an ungehorsamen Texten leisten darf und was nicht. Die »Junge Welt« war – trotz meiner! – eine Redaktion mit vielen leidenschaftlichen, klugen, unbequemen Mitarbeitern, und noch heute könnte ich ohne

Arg und Einschränkung eine Menge von Artikeln oder Aktionen nennen, die – wegen einer durchaus kritischen Kraft und Originalität – ihresgleichen in einer DDR-Zeitung suchten. Wo sonst lägen die Ursachen dafür, dass auch ehemalige »Junge Welt«-Leute dann in der Bundesrepublik in großen Zeitungen und Zeitschriften zu prägenden Schreibern wurden. Aber im späten Nachhinein hat es wenig Sinn, den täglichen Ausgleich zwischen Hofberichterstattung und gutem Journalismus noch einmal aufzudröseln, nur um nachzuweisen, dass ich nicht nur ein total Willfähriger war. Lassen wir es bei der entscheidenden Eindeutigkeit: Ich war nicht zimperlich, wenn es um Linientreue ging. Das hatte ich für mich unwiderruflich entschieden, und die ausschlaggebenden Faktoren dafür sind doch die immergleichen: Ich war von der so genannten Sache überzeugt; ich wähnte den Sozialismus in einem halbfertigen Zustand, der zu hohem Anteil Schuld des Gegners war; ich wollte meinen Posten nicht gefährden, denn dann würde ein womöglich Unfähigerer an meine Stelle treten; ich fürchtete harsche Kritik von oben.

Gab es für Sie im Herbst 1989 einen Moment der Angst? Vor was haben Sie sich gefürchtet? Wie haben Sie reagiert? . . . .
. . . .
Im Herbst 1989 hatte ich Angst, ja. Als Anfang Oktober Demonstranten vom Berliner Alexanderplatz die Karl-Liebknecht-Straße entlangzogen in Richtung des ADN-Gebäudes Ecke Mollstraße, es war Abend – da schaute ich von der achten Etage des Berliner Zeitungsgebäudes, von dort, wo die »Junge Welt« ihre Redaktionsräume hatte, hinunter und hoffte nur, dass die Türen gut bewacht waren. Wir hatten einen Fotografen und einen Reporter zu der Demonstration geschickt, im Kommentar zu diesem Protestmarsch des 7. Oktober stand dann in der Zeitung, wir würden uns die Fotos gut aufheben, denn dort lief »ein randalierender Mob«, der »unsere Volksfeste zum Geburtstag der Republik störte«. Wortlaut: »Wir haben

die Augen offen gehabt. Und so haben wir auch die Jungs von unserer FDJ-Ordnungsgruppe gesehen, die an der Seite der Genossen der Volkspolizei sich dem Spuk entgegenstellten und mithalfen, die Rädelsführer festzunehmen. Denen »keine Chance!« Das stand am 9. Oktober 1989 in der »Jungen Welt«, für die ich Verantwortung trug. Wenn ich das heute lese, möchte ich am liebsten im Boden versinken. Schrecklich! Wie konnte ich derart entgleisen! Auch gegen Stimmen in der eigenen Redaktion, die diesen Kommentar entsetzlich fanden. Die Angst, die ich hatte, war erst die eingebildete Angst vor Randalierern, die doch gar keine waren, dann eine wirkliche Angst davor, dass diese Menschen ihrem Zorn freien Lauf lassen könnten, eben weil wir sie kalt zu solchen Randalierern gestempelt hatten. Ich bewunderte damals Günter Schabowski, Erster Bezirkssekretär von Berlin, der in jenen Tagen als Einziger vom Politbüro auf die Straße ging und sich dem Zorn des Volkes stellte.

Welche glücklichen Momente verbinden Sie mit dem Herbst 1989?

Sehr, sehr viele. Nur wusste ich es damals nicht. Ich wusste nicht, dass das, was mich da beiseite schob (Zeitungsende: Ich hatte nichts mehr zu melden), doch schon mein sehr großes Glück war. Selbst auf der großen Demonstration am 4. November auf dem Alexanderplatz, wo auch der versammelte Journalismus euphorisch aufatmete, fühlte ich mich elend. Irgendwann verzog ich mich aus dieser Masse. Das war nicht meine Kundgebung, das war doch der Protest, der auch mich meinte. Der plakatierte Volkswitz gegen Krenz und Co. senkte mir den Blick: Wo ist das Loch im Erdboden, in dem man verschwinden dürfte? Henryk Goldberg, einer der besten Kulturjournalisten der DDR, hat später über jene plötzliche Wir-waren-schon-immer-dagegen-Mentalität geschrieben, die man in der Branche beobachten konnte, und es spricht mir aus dem Herzen: »Es kann doch nicht sein, Freunde, dass wir wieder einmal nichts gewusst haben. So gar nichts, überhaupt nichts. Den Satz haben wir doch schon unseren Eltern zurückgegeben, und sie hatten nun, weiß Gott, mehr Recht, mehr Angst zu haben. Und sagt nicht, Freunde, wir mussten. Wir mussten schon: wenn wir weitermachen wollten. Aber mussten wir weitermachen wollen? Wir haben doch in unseren Texten selber gestrichen, wovon wir wussten, es würde gestrichen werden ...«

Welche Rolle haben aus Ihrer Sicht die Kirche und der Glaube im Herbst 1989 gespielt?

Die Kirche spielte sicher eine größere Rolle als der Glaube: Die Menschen glaubten zu Recht, dass sie in Kirchen sicherer wären. Was soll jemand wie ich schon von der Kirche gehalten haben, einer, der jene Menschen, die auf die Straße gingen wie in eine Kirche unter unfreiem Himmel, als Feinde bezeichnete? Aus evangelischer Kinderzeit ist mir nichts nachgegangen. Seltsam, wie nah dem Klaren, Unversöhnlichen das Aufgeweichte, Lavierende an die Seite geraten kann: Ich komme aus Thüringen – hinterm Berg das unverrückbar religiöse Eichsfeld, gleich daneben aber, vorm Berg, wo ich herkomme, die selbstverständliche Art, konfirmiert zu werden und dann auch noch zur Jugendweihe zu gehen. So verrottete der Glaube auf beiden Seiten. Erst kurz nach dem Ende der DDR geschah das Überraschende: Ich wurde zu einem Forum in die Kirche von Altglienicke eingeladen, erfuhr eine explosive Stimmung gegen mich und eine hocherregte Abfuhr – und aus diesem Abend erwuchs eine Freundschaft mit dem Pfarrer Klaus-Dieter Lydike, dessen große Familie das DDR-System verachtet hatte, sich aber trotz aller Schikanen nicht in den Sinninfarkt treiben ließ. Mit Lydike fuhr ich nach Israel, ich erlebte mit Menschen seiner Gemeinde wunderbare Gespräche über Gott und die Welt, über Gott in der Welt, und dieser Pfarrer sprach, unser beider Biographien betrachtend, stets vom »Wunder der Wende«, das so etwas ermöglicht habe. Wieder dachte ich: warum nur alles so spät?

Warum blieb die Revolution friedlich?..................
....

Zum einen ist die Geschichte des DDR-Zusammenbruchs, neben den außerordentlich entscheidenden ökonomischen und außenpolitischen Aspekten, zuvorderst eine Geschichte des wie immer motivierten und gesteuerten Bürgermutes jenseits von Staatspartei und Parteistaat. Wer, noch immer betonköpfig, diese Couragiertheit heute als Feierabendrevolution belächelt – mit zumeist klarer Denunziationsabsicht gegen Bürgerrechtler und ebenso klarem Aufwertungspathos in Bezug auf DDR-Grundverhältnisse –, der muss sich die Frage gefallen lassen, warum man denn dann bis zu jenem Herbst 1989 gegen diese angeblich überschätzten Demokratiebewegten eine so derart große Feindfurcht und Kontrollwut entwickelt hatte. Nein, auch wenn dem Sprechchor jener Bürger-Emanzipation, welche die DDR ans Ende brachte, bald schon das Westgeld im Halse stecken blieb – es sind im Nachhinein keine Ereignisräume aufzumachen, in denen wir, die wir 1989 aus der Verfügungsgewalt gejagt wurden, noch einmal rückwirkend politische Integrität erlangen könnten.

Aber andererseits: Jenem Widerstand gegen den ummauerten Staat arbeitete auch eine millionenfache passive Unlust an politischer Teilnahme zu. Die Revolution wurde keinesfalls nur aus Bürgerbewegten gespeist. Wer die Kategorie des Politischen innerhalb einer Oppositionskultur lediglich an den ausdrücklichen Zweck bindet, das Regime möglichst direkt zu treffen und auszuschalten, der unterschätzt Verhaltensspielräume innerhalb der Strukturen und verkennt die eigentlichen Machtverhältnisse auch des SED-Staates. Diese Strukturen waren trotz Einheitspartei und Staatssicherheit nicht monolithisch. Nur so ist der Umstand erklärbar, warum die

DDR derart sang- und klanglos, geradezu biegsam und geschmeidig unterging, ohne Eisengeklirr, nur dieser stammelnde, erschöpfte Abgesang. Mit dem vielleicht lustigsten Satz der deutschen Geschichte, von einem quasi nur sekundenlang amtierenden Generalsekretär nach Honecker in die Fernsehkamera gesagt: Die Partei selber hätte eine Wende eingeleitet.

Es gab offenbar eine tiefere Schicht von Wahrheit: die komplizierte Verflechtung (kaum Berührung!) konfrontativer Dissidentenschaft der einen mit der kritischen Treue jener, die innerhalb ihrer SED-Funktionalität und bei sehr grundsätzlicher Übereinstimmung mit dem System doch für eine Erneuerung eintraten und ausharrten. Menschen, die für diese Illusion im ständigen Widerstreit zwischen straffer Disziplin, offener Kritik und versteckten Winkelzügen aufrecht und loyal zugleich zu leben versuchten. Und die letztlich die wesentliche Erklärung dafür sind, warum diese DDR so beiläufig, so unheroisch, so friedlich verschwand: Zahlreiche SED-Mitglieder und auch -Funktionäre, gefangen zwar im geistigen Korsett ihrer Sozialismusfiktion, wirkten doch zu Teilen mit an jenem Resonanzboden, der die eruptiv ausbrechenden oppositionellen Erschütterungen des Jahres 1989 aufnahm und sie verstärkte; unterschwellig befand man sich ebenfalls längst auf der anderen Seite des Grabens. Man vergleiche den – zu jener Zeit – manifesten, offenen und keinesfalls von vornherein entschiedenen Flügelkampf zwischen Hardlinern und Erneuerern in der KPdSU mit dem dagegen lächerlich und marginal wirkenden Starrsinn einiger Betonköpfe in der SED: Bei uns gab es doch lediglich eine kleine ledernde Ausharrungsgemeinde (mich inklusive), die schließlich von den eigenen Leuten, nach deren quälender Befreiung aus falscher Selbstdisziplin, politisch isoliert wurde. In der rätselvollen Stunde der Ratlosigkeit und einer großen Pein des Gescheitertseins öffnete sich in der SED doch unzweifelhaft eine »Herzkammer« für die unerwartet eingetretene Situation: Die Masse der SED war bereit zum Ausstieg aus sich selbst. Und jene, die sich aus der SED zur PDS fanden, lebten fortan mit der hintergründigen Logik, dass eine wirklich sozialistische Idee ihre Freiheit quasi erst in einem staatlichen Zusammenbruch finden konnte, welcher den Linken ausgerechnet vom Gegner hüben und drüben beschert wurde. Zum Witz der Zeit gehört sicher, dass Rosa Luxemburgs Satz von der Freiheit des Andersdenkenden nun auch von einigen jener »Kader« neu begriffen werden musste, die ihn aus Erfahrung ungern auf Sozialisten angewendet sehen mochten. Sozialisten, die einen geschichtlichen Bogen geschlagen hatten: Aus der Kraft, die einst nichts zu verlieren hatte als ihre Ketten, waren bürgerlich Eingemeindete geworden, die nichts mehr zu verlangen hatten.

20 Jahre sind seit der Revolution vergangen. Was ist vom Aufbruch 1989 geblieben? ....
....

Was am schnellsten verschwindet, sind die Aufbrüche selbst. Die Frage, was gewonnen wurde, wäre nicht ehrlich ohne die Frage, was verloren ging. Aber manchmal ist das Beharren auf diese Dialektik einfach nur ein Ausweichen – kurzum, ich bin froh, dass alles so kam. Vorher, nachher, das zweigeteilte Leben. Vom Lockreiz, der Welt mit einem ethischen Erziehungmodell beizukommen, fühle ich mich geheilt. Hoffnung besteht nur in der Zuwendung zu einzelnen Menschen – in dem alles angelegt ist, was ihn zum Guten oder Bösen treiben könnte. Man kann die Welt nicht bewusst und massiv und organisiert ändern wollen, man kann nur versuchen, ein hilfreicher Mensch zu sein. Für mich hat sich die Kunst als einzig mögliche Rettung erwiesen, sie schafft Freiheit für den Moment, sie schafft die unsterbliche Stille, in der für Augenblicke alles Gute, Wahre, Schöne möglich wird – ehe der Wind des Realen wieder am Licht der Aufklärung zerrt, das immer nur ein Kerzenlicht ist. Uns das Flackern gehört zu diesem Licht! Zum Weltgenuss gehört der Weltschmerz, der bescheiden macht, und zum Weltschmerz wiederum gehört eine Lust, diese Welt der Endlichkeit gedanklich zu übersteigen um sie auszuhalten. Seit den Ereignissen vor zwanzig Jahren weiß ich, dass Kants Wort vom Austritt aus der »selbstverschuldeten Unmündigkeit« kein Gattungsverweis ist, sondern auf mich selber zeigt, Aufklärung ist Selbst-Aufgabe, nicht Lehrstoff, den eine Avantgarde ausgibt. Was bleibt? Staunen: Zwischen alten Papieren fand ich ein mehrseitiges vergilbtes »Welt«-Interview mit Peter Handke aus dem Jahre 1987 (ich hatte als Chefredakteur die Westpresse), warum habe ich es damals herausgerissen und weggelegt? Ich glaube nicht, dass mich akutes Interesse trieb. Ich vergaß diese Blätter, vergaß den Geist, den sie aussprachen. Jetzt erzählen mir diese Seiten, dass man das Gute ebenso verdrängen kann wie das Böse. Heute, da ich keinen Dichter so bedürftig lese wie Handke oder Botho Strauß, kommt mir jener brüchige Zeitungsteil vor, als habe da ein anderer in mir, den zu ahnen ich damals nicht mehr in der Lage war, trotzdem ein winziges Stückchen Vorrat angelegt für die unabsehbare Zeit nach einem Erwachen. Was bleibt noch? Traurigkeit: Ich habe meinen Vater, der still an der DDR und an meinem, na ja: Aufstieg litt, nicht mehr ins Auto bitten und in die geliebte Heimatstadt Hamburg fahren können; er starb acht Monate vor dem Mauerfall, verbittert darüber, in einem so falschen Leben gefangen gewesen zu sein, in dem der einzige Sohn ohne viel Federlesens ein so bedenklicher Federführender geworden war. Was bleibt? Nagender Verdruss, wichtige Chancen für ein »Nein« versäumt zu haben – vom Moment an, da man just das begriffen hat, ist man gebrochen und wird ausdauernd von einem Lebensgefühl bedrängt, in das hinein »Scham nachwächst« (Günter Grass). Ich habe etwas Zerstörerisches hinter mir lassen dürfen, aber was ich da hinterließ mit meinen Artikeln, das lässt sich trotzdem nicht so ohne Weiteres abschütteln. Und mitunter, wenn ich mich ganz entlastet, ganz entpanzert fühle, erschrecke ich vor dem Verdacht, auch Lernfähigkeit könne etwas Gespenstisches haben. So bleibt Dankbarkeit für das Glück, mit Menschen wie Friedrich Schorlemmer oder Horst Drescher oder Regine und Jörg Hildebrandt ins Gespräch gekommen zu sein, somit erfahren zu dürfen, was Entfeindung ist – aber so bleibt auch Arbeit, sich dennoch nicht zu belügen: Ich habe meinen einstigen Journalismus zu gründlich betrieben, als dass bei anderen Menschen nicht noch immer genug frischgebliebene Gründe vorlägen für Zorn, Ablehnung, Misstrauen, ja: Hass. Also bleibt etwas, das mich weiterhin unsicher macht. Nachdem ich im November 1989 entlassen wurde (»Wir haben uns von unserer stalinistischen Chefredaktion getrennt«, so stand es auf Seite 1 der »Jungen Welt«), fühlte ich mich einsam. Heute weiß ich: Ich war frei. Ende einer Selbstgeiselnahme. Das vor allem ist es, was bleibt. Wenn ich zurückblicke, sehe ich die Asche meiner Jahre, die mich glühend gemacht hatten. Kein schöner Anblick. Ich wende den Blick und freue mich an dem, was mir von diesem Ausgangspunkt seit 1989 noch möglich wurde an Sinn und Spiel-Raum. Um es in einem ganz großen Wort zu sagen: Die Revolution des Jahres 1989 hat mir, der ich unerträglich geworden war, höchstwahrscheinlich Frau und Kinder – die Familie – erhalten.

Hans-Dieter Schütt

Michael Schmitz

Michael Schmitz berichtete als Reporter für die ZDF-Sendung »Kennzeichen D« seit Anfang der 80er-Jahre aus der DDR. Von 1988 bis 1990 war er Korrespondet des Senders in der DDR. Anschließend wurde er Korrespondent in Wien, zuständig für Südosteuropa, berichtete über die Kriege im früheren Jugoslawien und berichtete als Korrespondent aus Washington. Einige Jahre war Schmitz auch ZDF-Chefreporter und schrieb Artikel für diverse Zeitungen, u. a. für »Die Zeit«. Er arbeitet weiter als Autor für das ZDF. Er studierte Psychologie in Wien und an der University of Chicago, Management an der Graduate School of Business in Chicao und der Harvard Business School und arbeitet in seiner zweiten Karriere als Management-Coach und Berater. Er ist verheiratet mit der Psychiaterin Margot Schmitz, mit der er gemeinsam mehrere Bücher geschrieben hat (»Seelenfraß« und »Seelennahrung«, erschienen im Piper Verlag). Das Ehepaar hat sechs Kinder und lebt in Wien.

Wann haben Sie im Jahr 1989 zum ersten Mal gespürt, dass sich in der DDR etwas ändert? Wie haben Sie darauf reagiert? ....
....

Ich hatte schon vor 1989 gespürt, dass sich in der DDR etwas ändert. Ich kam bereits mit Vorerfahrungen als Berichterstatter in die DDR, und es war mir klar, dass die wirtschaftliche Entwicklung nicht so verlief, wie sie vom Regime in der Propaganda dargestellt wurde. Es gab erhebliche Leistungsdefizite, und die Industrie war bei Weitem nicht so fortschrittlich, wie man es gern öffentlich darstellte. Es gab lediglich bescheidene Exporterfolge, und zum Teil konnten nur Produkte exportiert werden, die Hightech aus dem Westen enthielten. Das betraf zum Beispiel den Maschinenbau, denn elektronische Steuerungen wurden in der DDR nicht entwickelt. Darüber hinaus war mir klar, dass ein Großteil der Staatseinnahmen durch Gelder aus der Bundesrepublik zu Stande kam, dafür standen unter anderem die Transitpauschale und die Postpauschale, und dazu zählte auch der von Franz-Josef Strauß 1983 eingefädelte Milliardenkredit. Dieser Kredit hatte bereits gezeigt, dass die internationale Reputation des Regimes schon sehr weit gesunken war und dass sich nur sehr schwer Kreditgeber für die DDR finden ließen. Da ich all diese Aspekte kannte, wusste ich, dass die DDR kein stabiles Land war.

Vor meiner Ernennung zum Korrespondenten des ZDF führte ich ein langes Gespräch mit dem Intendanten Dieter Stolte. Damals äußerte ich die Auffassung: So, wie sich die DDR derzeit präsentiert, kann sie innerhalb der nächsten Jahre nicht mehr weiter funktionieren.

In Reportagen aus Betrieben hatte ich die Ineffektivität des gesamten Systems gesehen: Die Arbeiter standen in den Betrieben herum, und es wurden fehlerhafte Produkte hergestellt. Reportagen und Kontakte zu Menschen in der DDR vermittelten mir zudem einen klaren Eindruck davon, wie sich die Versorgungslage verschlechterte. Gerade im Vergleich zur Bundesrepublik zeigte sich eine wachsende Diskrepanz.

Als ich DDR-Korrespondent wurde, hatte ich also nicht die Vorstellung: Es bleibt alles, wie es ist. Sondern ich ging davon aus, dass sich die Widersprüche zuspitzen würden. Allerdings rechnete ich nicht damit, dass es so schnell ginge. Auch rechnete ich nicht damit, dass es so drastisch geschehen sollte, doch von der Tendenz her überraschte mich das, was 1989 passierte, nicht.

In meiner Berichterstattung spielte diese Zuspitzung der Lage natürlich eine Rolle. Schon bevor ich meinen Posten in Ostberlin antrat, äußerte ich intern: Ich übernehme diese Aufgabe nicht mit der Vorstellung, hauptsächlich feuilletonistisch über die DDR zu berichten, und ich habe auch nicht vor, unter dem Motto zu berichten: Das deutsch-deutsche Verhältnis ist sowieso prima und stabil, daran ändert sich nichts. Stattdessen ging ich mit der klaren und auch intern erklärten Absicht in die DDR, die vorhandenen Missstände, die auch für die Menschen in der DDR zunehmend erlebbar wurden, nach den Kriterien des unabhängigen Journalismus in einer angemessenen Art darzustellen. Ich suchte mir relativ frühzeitig die Themen, die ich für wichtig hielt. Dabei interessierte mich eben besonders die wirtschaftliche Entwicklung, und ich merkte schnell, dass ich einen empfindlichen Nerv getroffen hatte. Denn ich stieß an Grenzen: Von mir beantragte Drehgenehmigungen wurden vom DDR-Außenministerium nicht mehr erteilt.

Sehr frühzeitig thematisierte ich auch Menschenrechte und Menschenrechtsverletzungen in meiner Berichterstattung. Zum Beispiel drehte ich Verhaftungen von DDR-Bürgern vor der Ständigen Vertretung der Bundesrepublik in Ostberlin: Diese Menschen wollten für das Recht auf Ausreise demonstrieren.

Wir ließen uns beim Drehen von der Polizei und der Staatssicherheit nicht einschränken. Ich vertrat immer die Haltung: Ich nehme mir die gleichen Rechte journalistischer Berichterstattung, wie ich sie mir im Westen nehme, und ich passe mich nicht den Erwartungen des Regimes an. Ich wollte nicht vom Regime im Nachhinein bescheinigt bekommen: Ihr seid verantwortungsvoll und tragt zu einem gutnachbarschaftlichen Verhältnis in den deutsch-deutschen Beziehungen bei. Das war nicht mein Maßstab – was natürlich schnell zu Reaktionen auf DDR-Seite führte. Im Oktober 1988 kam ich deshalb mit den »Organen« der DDR physisch in sehr unmittelbaren Kontakt. Damals drehte ich eine kirchliche Protestaktion und mochte mich dabei nicht einschränken lassen. Die Polizei wollte mir und meinem Drehteam zunächst keinen Zutritt zu dem Ort des Geschehens gewähren. Wir gingen aber trotzdem dahin und drehten. Während dieser Dreharbeiten wurde ich von einem Stasi-Agenten angefallen und in den Unterleib getreten. Es waren die Demonstranten, die mich davor bewahrten, dass ich weiter geschlagen wurde. Auch diese Situation drehten wir, und die Bilder wurden gesendet. Wir zeigten: Zum Alltag der DDR gehört es, die fundamentalen Freiheitsrechte von Bürgern einzuschränken. Wir zeigten: Das Regime tut etwas anderes, als was es sagt. Wir zeigten mit unseren Bildern und mit unseren Kommentaren einfach immer wieder diesen Widerspruch. Wir wollten damit nicht eine andere politische Auffassung zum Ausdruck bringen, sondern eine nüchterne Berichterstattung leisten, in der die DDR-Wirklichkeit an den offiziellen Selbstdarstellungen gemessen wurde.

So arbeiteten wir in allen Bereichen, zum Beispiel auch im Bezug auf Erich Honeckers Lieblingsthema, den Städtebau. Wir nahmen Zitate aus dem »Neuen Deutschland« und zeigten dazu Bilder aus Altstädten. Damit wurde für jeden klar: Was man sieht, wenn man offenen Auges durch die Straßen geht, ist nicht das, was das Regime als Fortschritt und als Erfolg verkauft. Eine solche Berichterstattung hatte selbstverständlich einen provozierenden Effekt. Besonders verärgert registrierten die Behörden, dass ich einen DDR-Bürger in Gera indirekt zitierte mit der Äußerung, die Innenstadt sehe aus wie nach einem Bombenangriff. Mit diesem Bericht war die Schmerzgrenze überschritten und mir wurde auch relativ früh bedeutet, dass die Behörden auf eine Gelegenheit warteten, mich wieder aus der DDR auszuweisen.

Es war mir als Fernsehkorrespondent natürlich klar, dass die Fernsehberichterstattung eine außerordentliche Wirkung in die DDR hinein hatte, denn sehr viele Menschen schauten unsere Beiträge und sahen dadurch Bilder über Zustände im eigenen Land, die im DDR-Fernsehen nicht zu sehen waren. Sie erhielten Erklärungen, Aussagen im Originalton und Kommentare, die im eigenen Fernsehen undenkbar waren. Und sie bekamen darüber hinaus Informationen über Entwicklungen in verschiedenen gesellschaftlichen Bereichen. Dazu zählte nicht nur die wirtschaftliche Entwicklung, sondern es waren auch Fragen des Umweltschutzes oder der Menschenrechte betroffen.

Wie haben Sie die Kommunalwahlen im Mai 1989 erlebt? . . . .
. . . .
Durch die Aktivitäten der Bürgerbewegung wussten wir Westjournalisten, dass wir bei dieser Wahl sehr gezielt darauf zu achten hatten, wer wählen ging, wie die Wahlergebnisse zusammengetragen und wo sie verdreht wurden. Denn jeder ging davon aus, dass das veröffentlichte Wahlergebnis nicht das wahre Ergebnis sein würde.

Das Westfernsehen verstärkte durch seine Berichterstattung die Diskussion über das Wahlsystem natürlich in hohem Maße. Im Mai 1989 kam es der Bürgerbewegung darauf an, in einem kleinen Bereich exemplarisch nachzuweisen, dass hier die Wahlen gefälscht wurden. Dieser Nachweis konnte tatsächlich erbracht werden. Das war für mich als Journalist natürlich eine sehr spannende Geschichte und ich berichtete im ZDF recht intensiv darüber, wie sie abgelaufen ist. Diese Wahlfälschung hatte – typisch für totalitäre Regime – natürlich mit Demokratie überhaupt nichts zu tun und passte genauso wenig mit der Propaganda des Regimes zusammen, das sich selbst als besonders demokratisch darstellte.

Die Protestaktionen nach der Wahlfälschung kamen für mich nicht überraschend. Auch darüber konnte ich berichten.

Das Wort »Reform« hatte seit Mitte der 80er-Jahre durch Gorbatschow einen neuen Klang bekommen. Welche Bedeutung hatte für Sie dieses Wort?

Ich ging davon aus, dass das, was in der Sowjetunion passierte, auch von den anderen Ländern im sowjetischen Einflussbereich auf Dauer nicht ignoriert werden konnte. Die SED-Führung zeigte sich aber besonders unbelehrbar und wollte von Glasnost und Perestroika nichts wissen. Trotzdem erwartete ich, dass sich die Diskussionen über Missstände, Wirtschaftsreformen und mehr Freiheiten wie in der Sowjetunion selbstverständlich auch in der DDR entfalten würden. Denn wo jahrzehntelang gesagt wurde, von der Sowjetunion lernen, heiße siegen lernen, da konnte man nicht plötzlich den Schalter umlegen und sagen: Das, was aus der Sowjetunion kommt, gilt alles nicht mehr für uns. Deshalb ging ich davon aus, dass die sowjetischen Diskussionen auch in der DDR Wirkung zeigen würden und dass die Journalisten auf sie hinweisen könnten, um die Wirkung zu verstärken. Ich erwartete, dass diese Diskussionen sowohl in den Staats- und Parteiapparat als auch in die Gesellschaft hineinwirkten. Denn nun konnten sich die Menschen darauf beziehen, welche Debatten in der Sowjetunion stattfanden und welche Notwendigkeiten für Reformen dort erkannt wurden. Dadurch konnten die Funktionäre die Forderungen nach Reformen nicht mehr als etwas abtun, das vom Klassenfeind kam.

War für Sie der Sozialismus reformfähig?

Ich rechnete zwar damit, dass die sowjetischen Diskussionen in der DDR etwas in Gang setzten, aber ich registrierte auch, wie groß die Widerstände der Staats- und Parteiführung dagegen waren. Zugleich konnte ich feststellen, wie diese Ideen von einfachen Parteimitgliedern und politisch Aktiven in den gesellschaftlichen Organisationen, aber auch von Bürgerrechtlern oder engagierten Menschen in der Kirche aufgegriffen wurden. Viele Menschen in der DDR hegten die Hoffnung, dass es ein politisches System gibt, das mehr soziale Gerechtigkeit herstellen kann als westliche Gesellschaften, die doch sehr gewinnorientiert sind. Deshalb ging ich davon aus, dass die sowjetischen Diskussionen eine Resonanz finden und Debatten verändern würden, sodass verschiedene Themen offener diskutiert würden und man nicht mehr so tun könnte, als sei sowieso alles in Ordnung. Innerhalb der DDR war die Bereitschaft der Menschen, auf Missstände hinzuweisen, geringer als beispielsweise in Polen oder der Tschechoslowakei. Ich erwartete, dass durch die sowjetischen Diskussionen in der DDR mehr in Gang gesetzt würde, auch von denen, die mehr Veränderungen von innen wollten, um sie dann Schritt für Schritt umzusetzen, ähnlich wie in der Sowjetunion. Ich rechnete damals allerdings nicht damit, dass der Widerstand von »oben« so stark sein könnte, dass gewissermaßen eine Entwicklungsetappe übersprungen wird.

In der DDR war der Alltag politisch. Deshalb suchten sich viele Menschen unpolitische Nischen. Im Jahr 1989 änderte sich das. Wann verließen Sie Ihre Nische? Wann wurden Sie von der Revolution erfasst? ....
....
Ich hielt mich als Westkorrespondent nicht in einer Nische auf. Ich war vielleicht jemand, der in den Nischen der Gesellschaft ein Zusammenleben, ein Miteinander-Leben oder ein Miteinander-Diskutieren wahrnehmen konnte. Dieses Nischenleben sagte über die Wirklichkeit der DDR viel mehr aus als das, was in der offiziellen Propaganda verbreitet wurde. Insofern war ich derjenige, der

Einblick bekommen konnte. Ob man das aber wirklich als Nische bezeichnen will oder nicht, darüber kann man diskutieren. Denn es gab gerade in den Kirchen Menschen mit dem Anspruch, gesellschaftliche Veränderungen voranzubringen. Das hatte nichts mit einer Nischenperspektive zu tun. Denn unter einer Nische stellt man sich einen kleinen Bereich mit kleinen Freiräumen vor, in den sich jemand zurückzieht, und in dem er vom Regime unbehelligt bleibt.

Seit dem Beginn der Sommerferien 1989 flohen Tausende DDR-Bürger in den Westen. Was ging in Ihnen vor, als Sie die TV-Bilder von der Massenflucht sahen?..................
....

Als ich sah, wie im Frühjahr 1989 an der österreichisch-ungarischen Grenze der Eiserne Vorhang zerschnitten wurde, wusste ich: Der Countdown hat begonnen. Zu diesem Zeitpunkt hatte die Massenflucht allerdings noch nicht eingesetzt. Die Frage war deshalb: Wie würden die Menschen von der Fluchtmöglichkeit Gebrauch machen? Und über welche Eskalationsstufen würde das Regime versuchen, eine Flucht zu verhindern? Es gab im Spätsommer Versuche, die Reisen nach Ungarn und in die Tschechoslowakei einzuschränken. Die Situation eskalierte zunehmend. Da dachte ich: Das geht nicht gut. Ein Regime, das sich immer mehr einigelt und den Bürgern noch mehr Freiheiten nimmt – das kann nicht funktionieren. Ich hatte allerdings keine Vorstellung davon, was im Detail passieren würde. Aber mir war klar, dass hier die Spannungen und Konflikte so sehr angeheizt wurden, dass sie nicht mehr unter Kontrolle zu halten waren.

Warum sind Sie in der DDR geblieben?..................
....

Ich wollte Korrespondent in der DDR werden, weil ich schon vorher über die DDR berichtet hatte. Ich wollte wissen, was in dem anderen Deutschland vor sich geht. Und ich wollte auch wissen, wie sehr die Versprechen des anderen gesellschaftlichen Projekts von der Wirklichkeit abweichen. Denn das Versprechen war groß und in gewisser Weise auch großartig. Vom Anspruch her sollte es mehr Freiheit, mehr Möglichkeiten für Selbstverwirklichung und mehr Menschlichkeit hervorbringen. Doch in der Realität geschah genau das Gegenteil. Diese Entwicklung interessierte mich, und die Verschärfung der Widersprüche machte mich sehr neugierig.

Was ging Ihnen durch den Kopf, als Sie die Bilder von Hans-Dietrich Genscher auf dem Prager Balkon sahen? Was bedeutete damals für Sie dieser Schrei der Menschen? . . . .
. . . .
Damit wurde noch einmal augenfällig: Die DDR ist nicht zuzusperren. Hier wurde das Signal gegeben, dass ein weiteres Tor offen ist. Die Menschen in der DDR wussten auf diese Weise: Es gibt eine Möglichkeit, hier herauszukommen. Sie mussten nicht länger einen Antrag stellen und befürchten, Repressalien ausgesetzt zu werden. Sie wussten, dass sie jetzt die Möglichkeit hatten, ihre Sachen zu packen und zu gehen.

Für mich als Journalist war mit der Information »Genscher tritt auf« klar: Da passiert etwas. Jeder, der die Szene auf dem Balkon sah, bekam eine Gänsehaut. Bei den ersten Worten, die Genscher sprach, wusste man bereits, welche Botschaft er den Menschen bringen würde. Hier ereignete sich eine Kulmination von höchster Spannung, Befreiung, Euphorie und Jubel. Genscher hat den Satz zwar nicht zu Ende gesprochen, aber jeder wusste, was er sagen wollte. Dieser wirklich zutiefst ergreifende Moment hat diejenigen, die unmittelbar dabei waren, regelrecht gepackt – aber natürlich auch die Zuschauer an den Fernsehern. Für mich hat diese Szene bis heute nichts von ihrer Faszination verloren.

Ende September gab es die ersten größeren Demonstrationen in der DDR. Wie haben Sie damals diese ersten Zeichen des Aufbruchs erlebt?

Die Demonstrationen gab es bereits vor dem Herbst, allerdings nicht in dem Maße. Ich hatte zum Beispiel schon über eine Demonstration mit einigen hundert Menschen während der Frühjahrsmesse in Leipzig berichtet. Das war etwas Neues: Es handelte sich nicht um zwei oder drei Menschen, die etwas Spektakuläres riskierten, um ihre Ausreise in den Westen zu beschleunigen, sondern hier forderten ein paar hundert Demonstranten persönliche Freiheiten ein. Das bedeutete einen Unterschied gegenüber dem, was es vorher gegeben hatte. Es kamen noch nicht die Zehntausend, aber es war ein Anfang. Ich glaube, dass unsere Berichterstattung im Westfernsehen den Menschen in der DDR gezeigt hat, dass sich etwas bewegte: Es handelte sich zwar noch nicht um einen Massenprotest, aber es waren auch nicht nur Einzelne. Wer Mut hatte, sich an diesem Protest zu beteiligen, musste nicht unbedingt damit rechnen, dass er im Gefängnis landete, sondern es stellte sich heraus, dass dieser Protest nicht brutal niedergeschlagen wurde und dass auch diejenigen, die ihn voranbrachten, nicht einfach von der Bildfläche verschwanden. Darüber hinaus wurde offensichtlich: Die Menschen wagen etwas.

Im September wurde das Neue Forum gegründet. Der Name »Neues Forum« wurde bald zu einem Markenzeichen für Reformwillige. Wie standen Sie zum Neuen Forum bzw. zu den anderen neuen Oppositionsgruppen?

Wir als Westjournalisten haben die neuen Gruppen nicht gepusht. Aber in meinen Beiträgen wurde dargestellt, dass es verschiedene Gruppen gab, die elementare Bürgerrechte einforderten, die für die Menschen im Westen selbstverständlich sind. Wir sagten: Wenn die DDR zu einer modernen Gesellschaft dazugehören will, dann müssen diese Rechte nicht nur im Westen, sondern auch im Osten gelten. Natürlich fühlte ich Sympathie für die Gruppen. Ich war in dieser Zeit bestimmt nicht der kühle Berichterstatter. Aber selbstverständlich hielt ich eine Distanz ein, um noch gut über sie berichten zu können. Ich durfte nicht einfach meinen Sympathien folgen und die Fakten nicht mehr wahrnehmen. Aber meine Distanz war nicht derart, dass ich neutral über einen Sachverhalt berichtete.

Ich kannte die führenden Menschen aus den neuen Bewegungen persönlich und hatte miterlebt, wie sie sich selbst mit den Fragen marterten: Wie weit können wir gehen? Wie weit müssen wir gehen? Was sagt uns unser Gewissen? Was sagt uns unsere Vorsicht? Wie sehr ist die Zeit gekommen, um mutiger zu sein und persönliche Risiken einzugehen? – Die Ungewissheit dieser Menschen berührte auch mich persönlich.

Gab es für Sie im Jahr 1989 einen Punkt, an dem Sie für sich eine unwiderrufliche Entscheidung zu treffen hatten, die Sie sich reiflich überlegen mussten? – Wenn ja: Welche Entscheidung mussten Sie treffen? Welche Faktoren waren ausschlaggebend?........
....
Meine Grundsatzentscheidung lautete: Ich gehe in die DDR und bleibe meinen Maßstäben – einem unabhängigen, kritischen Journalismus – treu. Ich wollte mich in der DDR grundsätzlich nicht anders verhalten als im Westen und keinesfalls darauf verzichten, über heikle Themen zu berichten, nur weil das vielleicht irgendwelche negativen Auswirkungen auf mich haben könnte. Denn mit einer Ausweisung aus der DDR hätte ich meine berufliche Existenz nicht verloren. Insofern muss ich zugeben, dass ich meine Entscheidungen mit einem großen Maß an Sicherheit treffen konnte. Ich hatte mir vorgenommen: Wenn ich drehe, dann drehe ich alles, was wir vor die Kamera bekommen; alles, was draußen stattfindet, dürfen wir

drehen. Wenn dagegen das Regime der Meinung war, wir dürften etwas nicht drehen, weil wir mit dem, was wir da zeigten, irgendetwas in den deutsch-deutschen Beziehungen so veränderten, wie sie es nicht haben wollten, dann war das für mich nie ein Kriterium meiner Arbeit.

Ich war als Berichterstatter in der DDR immer mit dem Bewusstsein unterwegs, dass ich mit meiner Arbeit unter Umständen so viel Unmut hervorrufen würde, dass ich deshalb ausgewiesen werden könnte. Das war schnell zu bemerken, und ich wurde auch mehrmals ermahnt und bekam die Ausweisung angedroht. Ich wurde von der Stasi zusammengeschlagen und trotzdem änderte ich meine Haltung nicht. Interessanterweise merkte ich im Laufe der Zeit, dass es auch kritische Stimmen im Staats- und Parteiapparat gab, die nicht immer alles nur negativ fanden, was wir Westjournalisten machten. Stattdessen hegten diese Leute die Hoffnung, dadurch komme vielleicht etwas in Gang, um Verkrustungen aufzubrechen. Ab einer gewissen Phase wurde ich gewarnt, ich solle aufpassen, nicht in Fallen zu treten. Eine Falle wäre zum Beispiel gewesen, durch eine Unachtsamkeit gegen ein Gesetz zu verstoßen und damit einen Vorwand für eine Ausweisung zu liefern. Ein Gesetzesverstoß wie zum Beispiel die geringste Menge Alkohol im Blut bei einer Autofahrt hätte bereits ausgereicht.

Gab es für Sie im Herbst 1989 einen Moment der Angst? Vor was haben Sie sich gefürchtet? Wie haben Sie reagiert? . . . .
. . . .
Ja, ich hatte auch Angst. Wenn ich über Demonstrationen berichtete, kam unser Team den Stasi-Leuten auch physisch sehr nahe. Sie versuchten wiederholt, uns zu bedrängen und die Kamera herunterzustoßen. In solchen Situationen stellte ich mich immer wieder offensiv mit möglichst breitem Kreuz vor mein Team, was zum Teil auch mit der Kamera festgehalten wurde. Da war mir manchmal

mulmig zumute, aber ich hatte nicht das Gefühl, dass es mich gefährden könnte.

Doch es gab eine Situation, in der sich dieses Gefühl schlagartig änderte: Die erste große Demonstration in Ostberlin fand am 7. Oktober statt. Damals sammelten sich am späten Nachmittag am Alexanderplatz immer mehr Menschen, um zu protestieren. Ich spürte, dass sich irgendwas zusammenbraute, und blieb deshalb mit meinem Team dabei. Damals war die Situation für Fernsehjournalisten immer schwierig, weil man nicht wusste, welche Bilder man tatsächlich bekam. Zugleich standen wir unter Zeitdruck, weil wir noch nach Westberlin fahren mussten, um rechtzeitig die Beiträge für die Sendungen zu produzieren. Nun spürte ich am Alexanderplatz, dass es eskalierte. Es kamen immer mehr Menschen, die vom Alexanderplatz zum Palast der Republik zogen. Sie erwarteten, dass Gorbatschow sich noch dort aufhielt. Die Demonstranten wurden aber von der Polizei aufgehalten. Anschließend liefen sie Unter den Linden auf und ab und forderten lautstark »Freiheit«. Als die Menschen wieder Richtung Alexanderplatz gingen, wurden sie von der Polizei gestoppt und zusammengeschlagen. Das geschah in einer Brutalität, die ich bisher so nicht gesehen hatte. Ich fuhr dann nach Westberlin, um meinen ersten Beitrag zu schneiden und darüber zu berichten. Anschließend kehrte ich wieder zurück in den Osten und lief in einem düsteren, herbstlichen, nach Braunkohle riechenden Ostberlin durch die Gegend. Schließlich kam ich zum Prenzlauer Berg und sah dort Kampfeinheiten durch die Straßen ziehen. Ich bin mir nicht sicher, aber meinem Eindruck nach waren das Soldaten. Damals wurde mir zum ersten Mal bewusst, dass das Regime bereit sein könnte, doch Blut fließen zu lassen. In diesem Moment verspürte ich Angst.

Welche glücklichen Momente verbinden Sie mit dem Herbst 1989?

....

Als glücklichsten Moment empfand ich den Zeitpunkt, als die Mauer geöffnet wurde. Es herrschte eine Mischung aus Euphorie und Irrsinn und es war schwierig zu begreifen, was da gerade passierte. Ich fuhr an jenem Abend an verschiedene Grenzübergänge, auch zum Übergang Heinrich-Heine-Straße, der oft von Journalisten benutzt wurde. Das gesamte Grenzpersonal kannte uns Westjournalisten und wir kannten sie ebenfalls von Angesicht zu Angesicht. Die Grenzer, die noch am vorhergehenden Morgen mit herrischer Selbstgewissheit dagestanden und uns signalisiert hatten: Uns kann sowieso keiner was, waren nun aschfahl im Gesicht und konnten den Blicken nicht standhalten. Ich ging auf einen Grenzer zu und fragte ihn: Was, denkt ihr, wird morgen passieren? Er blickte völlig verstört ins Leere und gab mir keine Antwort. In diesem Moment wusste ich, dass dies alles nicht mehr zurückzudrehen war. Jetzt war es vorbei. Da bildete sich ein mit einer Verzögerung eintretendes euphorisches Gefühl. Immer, wenn in den nächsten Wochen in Berlin ein weiteres Loch in die Mauer gerissen wurde, fuhr ich dorthin, um an der Stelle durchzugehen. Ich hatte ein Motorrad und fuhr stundenlang durch Straßen, die man früher nicht entlangfahren durfte. Ich berauschte mich an diesem Gefühl, dass die Stadt offen ist. Ostberliner Freunde konnten auf einmal mit nach Westberlin kommen. Wir konnten nun sagen: Wir gehen heute zusammen zum Italiener nach Wilmersdorf. – Das war wahnsinnig! In dieser Zeit änderte sich schlagartig so viel im Alltag! Wer das nicht selbst erlebt hat, der wird es nur schwer begreifen. Aber in den Fernsehbildern kommt zumindest die gesamte Emotionalität zum Ausdruck, dass hier für die Menschen tatsächlich eine persönliche Befreiung stattfand. Es war so, als würden die Stahlbänder ums Herz auf einmal weggesprengt – Heinrich, der Wagen bricht.

Welche Rolle haben aus Ihrer Sicht die Kirche und der Glaube im Herbst 1989 gespielt?

Ich glaube, dass die Kirchen ein Forum zur Verfügung stellten, wo es sehr viel Verständigung und Selbstfindung geben konnte. Hier gab es auch einen gewissen Schutz. Aber es ereignete sich in den Kirchen auch sehr viel Verrat. Heute wissen wir, wie viel dort auch für die andere Seite gearbeitet wurde. Insofern war die Kirche einerseits ein Forum, andererseits versuchte der Staat, mit Hilfe seiner Agenten in den Kirchen alles unter Kontrolle zu halten. Doch das gelang letztendlich nicht.

Die Kirche selbst, als Institution, wünschte sich – so vermute ich – eine langsamere, nicht so radikale Entwicklung. Kirchenführer wie Manfred Stolpe oder Werner Leich wollten eher einen Sozialismus mit menschlichem Antlitz. Viele Bürgerrechtler und Intellektuelle hatten ähnliche Vorstellungen. Aber dass die DDR auf einmal mit einer solchen Geschwindigkeit zusammenbrach und von der Bundesrepublik kooptiert wurde, mit allen Regeln des politischen und wirtschaftlichen Systems, das traf viele unvorbereitet. Dadurch entstand für sehr viele Menschen eine große Verunsicherung, weil sie in der DDR gar nicht das Repertoire lernen konnten, sich in einer völlig anderen Gesellschaft zurechtzufinden: anders zu arbeiten, andere Arbeitsbeziehungen zu haben, anders gefordert zu sein, an politischen Debatten teilzunehmen, die eigene Meinung zu sagen, auf bestimmte soziale Sicherheiten zu verzichten.

Warum blieb die Revolution friedlich?

Es scheint klar zu sein, dass es innerhalb der SED eine Fraktion gab, die bereit war, die Situation eskalieren zu lassen – bis zur militärischen Gewalt. Dieser Kurs hätte in einem Blutbad geendet. Und offenbar gab es daneben eine Fraktion, die das nicht wollte. Außerdem haben wohl auch die Russen ein Wort mitgesprochen, um eine Gewalteskalation zu verhindern.

Von den Demonstranten ging keine Gewalt aus. Es gab auf der Seite der Bürger keine Provokationen, um Gewalt zu fördern. Die Frage war: Hält das Regime es aus, dass sich auf einmal die Bürger massenhaft das Recht nehmen, ihre Meinung zu sagen, die von der verordneten Meinung abweicht? In vielen Bereichen war das Regime sicher so sehr geschwächt, dass die Kraft fehlte, dem Bürgerprotest etwas entgegenzusetzen. Die andere Möglichkeit wäre die völlige Konfrontation gewesen.

20 Jahre sind seit der Revolution vergangen. Was ist vom Aufbruch 1989 geblieben?

Ich glaube schon, dass bei vielen Menschen in der früheren DDR ein Bewusstsein geblieben ist: Wir haben es geschafft, mit unserem Mut und unserer Risikobereitschaft dieses Regime aus den Angeln zu heben. Dieses Bewusstsein ist geblieben und nährt den Stolz. Gleichzeitig findet man aber auch bei vielen Menschen Enttäuschungen, weil die Veränderungen nicht so geworden sind, wie sie es sich erhofft hatten. In den 90er-Jahren schrieb ich das Buch »Wendestress. Die psychosozialen Kosten der deutschen Einheit«. Darin unternahm ich den Versuch zu analysieren, dass der Zusammenbruch eines jahrzehntealten Gesellschaftssystems zur Verunsicherung sehr vieler Menschen führte, die Schwierigkeiten bekamen, sich zurechtzufinden und ihrem Leben Ziel und Sinn zu geben.

Die Stärke der Linken hat sicher mit der Vorstellung zu tun, dass alles anders sein könnte. Es gibt im Osten die Sehnsucht nach einer Gesellschaft, in der man sich mehr zurücklehnt und trotzdem alle Vorzüge von Wohlstand und Sicherheit hat, ohne sich immer wieder persönlich zu fragen: Was muss ich dazu tun, damit es das wirklich gibt?

Peter Tanz (geb. 1938 in Weimar, evangelisch) absolvierte nach der Grundschule eine Facharbeiterausbildung zum Zerspaner, besuchte von 1954-1957 die Fachgrundschule für Musik in Weimar und war von 1958-1960 als Krankenpfleger tätig. 1960-1964 studierte er Kirchenmusik in Eisenach und war anschließend Kantor in Pößneck. 1965 begann er das Theologiestudium am Theologischen Seminar in Leipzig, das er 1973 mit dem 1. Examen abschloss. Es folgten das Vikariat in Weltwitz bei Neustadt an der Orla und die Ordination im November 1974. Seit 1975 wirkte Tanz als Pfarrer in Weltwitz, ab 1979 auch als Kreisjugendpfarrer.

Peter Tanz war von 1990-1994 für das Neue Forum Abgeordneter im Kreistag des Kreises Pößneck. Im Jahr 2000 ging er in den Ruhestand. 2008 wurde ihm die Ehrenbürgerwürde der Stadt Neustadt an der Orla verliehen.

Wann haben Sie im Jahr 1989 zum ersten Mal gespürt, dass sich in der DDR etwas ändert? Wie haben Sie darauf reagiert? ....

....

Immer im Januar trafen sich die Pfarrer der Superintendentur in der damaligen Kreisstadt Pößneck mit Funktionären des Rates des Kreises. Auf diese Treffen wurde beiderseits großer wert gelegt. Sie sollten das »gute Verhältnis zwischen Staat und Kirche« pflegen, sprich: beschwören. Man besichtigte gemeinsam irgendeine Fabrik, es gab ein offizielles Essen und die üblichen phrasenhaften Reden wurden beiderseits geredet. Dabei minimale, geradezu devote Kritik kirchlicherseits. Im Januar 1989 wusste ich, dass ich das nicht mehr ertragen würde. Die jahrelangen, endlosen politischen Diskussionen mit Jugendlichen hatten in mir einen unerträglichen Stau ausgelöst. Ich denke, dass das bei vielen Menschen DDR-weit so war. Ich jedenfalls hatte zu dieser Zeit Magengeschwüre. Ich litt mit den jungen Leuten, litt unter meiner Ängstlichkeit, dem Maß an Anpassung, das ich bis dahin geleistet hatte, litt unter meiner Faulheit, die darauf wartete, dass ein anderer aufstand und tat, was meiner Meinung nach getan werden musste. In meiner näheren Umgebung stand keiner auf und sagte oder tat etwas. Ich nahm mir also vor, bei dem Treffen im Januar 1989 alles zu sagen, was mal gesagt werden musste. Heute kaum noch nachvollziehbar: Schon beim Gedanken daran hatte ich Herzklopfen. Ich sprach von der Hoffnungslosigkeit der Jugendlichen, die vom DDR-Staat nichts mehr erwarteten: keine Meinungsfreiheit, keine Reisefreiheit, keine ökologischen Einsichten, keine Veränderungen. Sie hatten resigniert, wollten fast alle in den Westen, meinten, sie würden hier nicht gebraucht. Fazit meiner Rede damals war, dass die DDR-Politik dem Begriff Sozialismus schweren Schaden zufügt und dass eine revolutionäre Situation entstanden ist.

Als ich mich setzte, fühlte ich mich total isoliert. Keinerlei Reaktion. Ein Amtskollege stand auf und verteidigte die Existenz der Mauer in Berlin. Im weiteren Verlauf der Veranstaltung blieben die Stühle rechts und links von mir leer. Nur der Kellner (er sei gerühmt!) fragte mich geradezu fürsorglich, ob ich etwas brauche. Im Auto nach Hause, noch zitternd, wurde mir klar, dass mein Leben sich verändert hatte, dass es keine Kompromisse, keine Anpassung mehr für mich geben würde. Ich wusste plötzlich, dass sich durch viele mutige Einsichtige, durch die jungen Leute in unserem Land und auch durch mich etwas ändern würde in der DDR. Und ich empfand Trauer, weil ich ahnte, dass der Sozialismus mit seiner Vorstellung von einer sozial gerechteren Welt (meine Generation war ja damit groß geworden) eine Utopie, eine Illusion war. Würde sich der von der DDR als Diktatur praktizierte »Sozialismus«, der so gar keine Ähnlichkeit mit biblischen Vorstellungen mehr hatte, wirklich reformieren und demokratisieren oder nur noch revolutionieren lassen?

Wie haben Sie die Kommunalwahlen im Mai 1989 erlebt? . . . .
. . . .
Die sogenannten Wahlen waren nach dem, was ich eben erzählt habe, ein weiterer Grund für mich, die Öffentlichkeit, die ein Pfarrer hat, zu nutzen, um endlich Haltung zu zeigen, zu demonstrieren. Trotz der idiotischen Wahlwerbung, die ein saublödes Wahlvolk voraussetzte, war ich wie die meisten konfliktscheu und jedes Mal schamerfüllt zu derartigen Wahlen gegangen. Diesmal war das Gefühl, alle warten darauf, dass einer den Anfang macht und nicht geht, besonders stark. Ich forderte also in allen Gottesdiensten meiner vielen Dörfer und Gemeinden auf, nicht mehr zu Wahlen zu gehen, die keine Wahlen waren und deren Ergebnisse noch dazu gefälscht wurden. Das löste natürlich überall heftige Reaktionen aus. Dass das für mich keine persönlichen Folgen hatte, stärkte meinen Mut für alles Weitere.

Das Wort »Reform« hatte seit Mitte der 80er-Jahre durch Gorbatschow einen neuen Klang bekommen. Welche Bedeutung hatte für Sie dieses Wort? War für Sie der Sozialismus reformfähig? ..
....

Dass man die Vorgänge im Herbst 89 später »friedliche Revolution« und »Wende« nennen würde, konnten wir uns damals nicht vorstellen. Wir wollten Reform, Erneuerung, Verbesserung des Vorhandenen, sprich des Sozialismus. Wir, d. h. die meisten von uns, wollten keinen westlichen Kapitalismus und auch keine übereilte Wiedervereinigung. Vor allem wollten wir uns bei den Veränderungen selbst einbringen – mit wie ich zugebe recht vagen Zukunftsvorstellungen. Wir waren groß geworden mit den sozialistischen Idealen von Antifaschismus, gerechter Besitzverteilung, von durch die Wertschaffenden kontrollierter Macht, auch wenn diese Ideale längst zu hohlen Phrasen verkommen waren. Wir, die damals Jugendlichen und ich als Berufsjugendlicher, wollten das Wort Sozialismus am Urchristentum messen und neu definieren. Trotz der schlimmen Erfahrungen, die wir 40 Jahre lang mit einem durch Machterhalt korrumpierten System gemacht hatten, trotz der Religionsfeindlichkeit dieses Systems waren die Worte Sozialismus und Kommunismus für uns keine Schimpfworte, wie bis heute für die USA und eigentlich den ganzen Westen. Neu definieren wollten wir. Den DDR-Sozialismus mit seinen erstarrten Strukturen und seiner ruinösen Wirtschaftspolitik reformieren zu wollen, war eine Illusion. Geahnt hatte ich das freilich, wenn ich damals von einer »revolutionären Situation« sprach. Bei einer Veranstaltung in der Saalfelder Stadtkirche, bei der sich die jungen Demokratiebewegungen vorstellten, war die Rede davon, dass die Staatspartei die Macht mit uns teilen müsse. Als ich dazu bemerkte, dass wir uns nicht mit dem Finger begnügen würden, den die uns reichen, sondern die ganze Hand packen würden, brach tumultartiger Beifall los und das Licht in der Kirche erlosch vorübergehend – warum auch immer. Unvergesslich! Revolutionäre Situation.

In der DDR war der Alltag politisch. Deshalb suchten sich viele Menschen unpolitische Nischen. Im Jahr 1989 änderte sich das. Wann verließen Sie Ihre Nische? Wann wurden Sie von der Revolution erfasst? ....
....

War der DDR-Alltag wirklich so politisch? Eher nicht. Was die SED für Politik hielt, bzw. was sie zur Politik erklärte, hatte nichts mit dem Wahrnehmen einer politischen Mitverantwortung zu tun. Was bei der für die meisten erzwungenen Teilnahme an Versammlungen jeder Art, was in Schulen, in Brigaden, bei den Pionieren, bei der FDJ etc. passierte, hatte mit wirklicher Politik nichts zu tun und wurde mit Achselzucken gequält erledigt. Wenn man uns nicht permanent für dumm verkauft und damit gedemütigt hätte, wäre vieles damals sehr komisch gewesen. Wenn wir uns heute etwa bei einer Flasche Wein unter Absingen von Arbeiterkampfliedern an die von der Staatsführung propagierten Aktivistenbewegungen »Adolf Hennecke« oder »Frieda Hockauf« erinnern und schließlich in »Es lebe …«-Rufe ausbrechen, hebt sich die allgemeine Stimmung beträchtlich. Meine Mutter musste mal die feierliche, an der Wandzeitung bekannt gemachte, »Selbstverpflichtung« eingehen, »Der stille Don« zu lesen. Das war nicht kontrollierbar. Ich habe es schließlich gelesen. Gutes Buch.

Das wichtigste Buch aber war für uns doch die Bibel. An ihr, damals besonders an der Bergpredigt Jesu, diskutierten und maßen wir alles. Sein Wort: »Was ihr tut einem dieser geringsten meiner Brüder, das tut ihr mir. Und was ihr an ihnen versäumt, das habt ihr nur nicht getan.« - sollte für uns Maß unseres Denkens und Handelns sein. Christsein ist also im Sinne Jesu kein privater Rückzugsbereich, keine Nische, nichts nur auf das Innere oder das Jenseitige ausgerichtete. Es bedeutet soziale und politische Verantwortung wahrzunehmen. Es bedeutet, politisch zu sein. Jesus war auch Politiker. So wie alle großen Religionsgründer und Erneuerer.

Wer konsequent Christ zu sein versucht, ist aus Nischen jeder Art ausgetreten und hat sich exponiert.. Wir taten das damals, wenn wir uns mit Jungen Gemeinden aus dem Westen zu Rüstzeiten, Zeiten des Nachdenkens und Diskutierens, trafen, am Balaton oder in Neustadt an der Orla, wenn wir in Jugendgottesdiensten, in Osternächten, an Bußtagen z. B. mit eigenen Theaterstücken die Ergebnisse unseres Nachdenkens mit allen teilen wollten. Wir waren politisch, wenn wir zu den Montagsdemonstrationen nach Leipzig fuhren.

Seit dem Beginn der Sommerferien 1989 flohen Tausende DDR-Bürger in den Westen. Was ging in Ihnen vor, als Sie die TV-Bilder von der Massenflucht sahen?.......................
..
Den Freudenschrei der Menschen vor dem Balkon der Prager Botschaft konnte ich gut verstehen. Ein Traum ging für sie in Erfüllung. Ich dagegen, vor dem Fernseher, hatte das Gefühl, alleingelassen zu werden. Sie wurden doch hier gebraucht. Freilich hat auch ihre »Ausreisedemonstration« den Druck erhöht und die Revolution vorwärtsgebracht.

Warum sind Sie in der DDR geblieben?..................
..
Die Alternative, hier oder drüben leben zu wollen, hat es für mich nie gegeben, auch wenn ich wie alle anderen unter den Reisebeschränkungen gelitten habe. Als Alleinstehender war ich mit meiner Arbeit »verheiratet«. Die jungen Leute waren meine Freunde, meine Familie, sind es bis heute. Als ich schließlich mal einen Dienstausweis für eine Tagung drüben bekam, habe ich auf die Reise verzichtet, aus Solidarität mit denen, die nicht reisen durften und aus Angst, dass man mich nicht wieder in die DDR einreisen lassen würde.

Ende September gab es die ersten größeren Demonstrationen in der DDR. Wie haben Sie damals diese ersten Zeichen des Aufbruchs erlebt?

Wir fuhren damals jeden Montag mit wenigstens drei Autos zu den Demonstrationen nach Leipzig, auch dann noch, als in Neustadt schon Friedensgebete donnerstags stattfanden. Das waren Lehrstunden für uns. Wir mussten ja erst lernen, unsere Angst zu überwinden, »aufrecht zu gehen«, Parolen zu brüllen und unsere Meinung zu demonstrieren. Der Ruf »Reiht euch ein!« zeigte, dass alle lernen mussten, und wie schwer die Revolution in Gang kam. Die überwiegende Mehrheit im Lande wartete erstmal ab. Ich erinnere mich an die finsteren Gesichter vieler Menschen an den Straßenbahnhaltestellen vor dem Bahnhof, die sich von dem Demonstrationszug abwandten. Das war fast so beklemmend wie die vielen Bewaffneten in den Seitenstraßen. Die Dreihunderttausend, die in der »Heldenstadt« im Kreis marschierten, waren nicht alle Leipziger. Das war später in Neustadt ähnlich. Da kamen viele Menschen aus Dörfern und Nachbarstädten, in denen keine Demonstrationen stattfanden. Ich hatte oft Angst, weniger um mich als viel mehr um die Jugendlichen, die ich beschworen hatte, nicht nach vorn zu drängen. Trotzdem standen wir plötzlich an der Spitze des Zuges, Brust an Brust mit einem Polizeikordon, drei Reihen hintereinander, die sich an den Koppelschlössern festhielten und niemanden durchließen. Wir versuchten, mit ihnen zu diskutieren. Andere rissen ihnen die Mützen vom Kopf und warfen sie in die Luft. Beginnende Gewaltbereitschaft bei den Demonstranten. Den Kordon durchschneidend stand eine Straßenbahn. Unter Beifallsgeschrei von einer Fußgängerbrücke stiegen viele in die Bahn ein und auf der anderen Seite hinter der Polizei wieder aus. Derweil wurde der Druck von hinten immer stärker und meine Angst nahm zu. Da sah ich, wie der Polizist vor mir aus irgendeinem Grund das

Koppelschlosss seines Nachbarn loslies. Ich schrie: »Jetzt los!« Und in wenigen Augenblicken war die Polizei abgedrängt. Die Demonstration konnte weitergehen. Bei den Parolen fiel mir auf, dass es eigentlich immer nur um weniger Wichtiges ging, Um Karl-Eduard von Schnitzler etwa oder um die Stasi oder »Wir sind das Volk«. Die Diktatur der SED, der eigentliche Grund allen Übels, war noch tabu. Ich forderte also meine Nachbarn auf, mit mir zu rufen: »S-E-D – Das tut weh!« Eisiges Schweigen um uns herum. Beklemmend! Aber plötzlich ging es 100 Meter hinter uns los: »S-E-D – das tut weh!« und dann schrie es der ganze Zug. Der Bruch dieses Tabus überall im Land war der eigentliche Beginn der Revolution.

Im September wurde das Neue Forum gegründet. Der Name »Neues Forum« wurde bald zu einem Markenzeichen für Reformwillige. Wie standen Sie zum Neuen Forum bzw. zu den anderen neuen Oppositionsgruppen?............................
...
Die Unterschriftenlisten des Neuen Forums waren einfach das Erste, was mir von den jungen Demokratiebewegungen in die Finger kam. Der Anspruch, sammelnd Diskussionsplattform für alle sein zu wollen, war mir wichtig. Ich legte diese Listen in allen meinen Kirchen aus. Für jeden, der seine Ängste überwand und da unterschrieb, war das eine Art Initiationsritus, mit dem er sich der Demokratiebewegung anschloss, der Beginn des aufrechten Gehens.

Gab es für Sie im Jahr 1989 einen Punkt, an dem Sie für sich eine unwiderrufliche Entscheidung zu treffen hatten, die Sie sich reiflich überlegen mussten? – Wenn ja: Welche Entscheidung mussten Sie treffen? Welche Faktoren waren ausschlaggebend?........
...
Einen einzigen Punkt dieser Art gab es nicht. Vielleicht war wichtig, was ich im Zusammenhang mit Ihrer ersten Frage erzählt habe. Es

ist eine Binsenweisheit, dass jeder Mensch ein Leben lang Entscheidungen treffen muss, in politisch brisanten Zeiten besonders häufig. Da können private Entscheidungen zu Orts- und Landesgeschichte werden. Nichts von dem, was ich 1989 und in den Jahren danach sagte und tat, war mir an der Wiege gesungen worden. Das ging sicher vielen so. Die Jahre offener Jugendarbeit in Zeiten zunehmender politischer Spannungen hatten uns derart politisiert, dass alle Entscheidungen dann eigentlich folgerichtig getroffen wurden. Wir begannen mit Friedensgebeten in Neustadt, anfänglich gegen die Vorbehalte eines ängstlichen Gemeindekirchenrates und des für die Stadtkirche zuständigen Pfarrers. Zusammen mit dem Jugenddiakon Rainer Engelhardt und einem Vorbereitungskreis wurden es, gegen alle ängstlichen und frommen Vorbehalte, politische Gebete. Wir überrollten mit unseren Entscheidungen einfach alle zweifelnden Einwände. Wir malten heimlich Transparente und beschlossen, endlich auch außerhalb der Kirche zu demonstrieren. Ich entschied mich, mit den Kreisbehörden nicht nur zu sprechen und auf Rathaustreppen ziemlich unchristliche Reden zu halten: fortwährend Entscheidungen jeglicher Art. Darauf zu warten, dass ein anderer dir Entscheidungen abnimmt, kann zur Folge haben, dass du anderntags nicht mehr in den Spiegel schauen magst. Wenigstens 1989 war das so.

Gab es für Sie im Herbst 1989 einen Moment der Angst? Vor was haben Sie sich gefürchtet? Wie haben Sie reagiert? . . . .
. . . .
Keiner von uns hatte eigentlich Angst vor Stasiüberwachung, ich am wenigsten, dieweil ohne Familie relativ unabhängig. Angst hatte ich vor Friedensgebeten, wenn die volle Kirche schon außen vor Spannung zu beben schien, wenn mir die Frau des Superintendenten aus der Kirche kreidebleich entgegen kam und sagte: »Da geh ich nicht wieder rein.« Angst hatte ich vor jedem ersten Satz, mit dem ich

eine Rede beginnen wollte, doppelte Angst, wenn ich angesichts meines trockenen Mundes vergessen hatte, mein Gebiss zu befestigen. Angst hatte ich, wenn ich nach solchen Friedensgebeten nach Hause fuhr, vorbei an abgedunkelten Limousinen, die im Dorf an sonderbaren Stellen herumstanden. Ich wohnte ja allein im Pfarrhaus und überlegte, durch welches Fenster ich abhaue, wenn man kommt, mich zu holen. Manchmal bat ich auch einen Freund, bei mir zu bleiben. Hemmungen musste ich jedesmal überwinden, wenn es mich überkam und ich ungefragt meine Meinung sagen musste. Das geschah damals reichlich und geschieht heute noch. Angst hatte ich davor, dass eine Demonstration in Gewalt enden könnte, besonders deshalb, weil meine Reden nicht gerade frei von verbaler Gewalt waren. Ich erinnere mich an eine Demonstration in Pößneck. Wir standen vor dem Stasi-Gebäude, einer Villa. Ich hatte dafür gesorgt, dass unser Transparent mit einem Regenbogenkreis als Symbol der Friedfertigkeit vor dem Tor der Kreisdienststelle aufgestellt wurde. Ich wollte verhindern, dass die Demonstranten gewaltsam in das Haus eindringen. Später habe ich das bereut. Es hätte garantiert keiner geschossen, und keine Akten hätten mehr vernichtet werden können. Natürlich hatte ich immer wieder Angst, Angst vor allem um Menschen, Angst vor möglichen schlimmen Folgen dessen, was ich ausgelöst hatte. Das ging sicher jedem so, der damals Verantwortung übernahm. Aber diese Ängste konnten unsere aufrechte Haltung nicht mehr beugen.

Welche glücklichen Momente verbinden Sie mit dem Herbst 1989?

Glückliche Momente gab es unzählige, viele wurden einem erst später bewusst. Wenn bei den Friedensgebeten das erste Lied gesungen, der erste Satz gesprochen war, sich mein vor Angst getrübter Blick langsam klärte und ich vor mir lauter offene, gespannte, bewegte Gesichter sah, Christen und Nichtchristen dicht an dicht sich wärmend in der kalten Kirche, wenn alles, was wir sagten, beklatscht, belacht, kommentiert wurde. Vielleicht war es ja eine Illusion, aber ich glaubte, ein ganz starkes Gemeinschaftsgefühl zu spüren. Jeder wollte Freiheit und Gerechtigkeit nicht nur für sich selbst, sondern für alle. Unser Blick ging damals weit über Kreis- und Landesgrenzen hinaus: wenn wir Protest- oder Solidaritätserklärungen zur Unterschrift durch die Reihen gehen ließen, wenn wir um Opfer für Bedürftige baten und Hilfslieferungen nach Rumänien organisierten. Irgendwie einer für alle und alle für einen und das im besten Sinne »global«. Glückliche Momente waren es, wenn Menschen ans Mikrofon traten, die sich das vorher nie zugetraut hatten, und ein besonderer Moment war es natürlich, als ich währed einer Kundgebung auf dem Markt in Neustadt erfuhr, dass die Mauer in Berlin offen war. Ich saß dann die ganze Nacht heulend vor dem Fernseher und konnte gar nicht genug kriegen von den Freudenbildern.

Welche Rolle haben aus Ihrer Sicht die Kirche und der Glaube im Herbst 1989 gespielt? ....
....

Die Kirchenzeitungen haben, wie ich damals meinte, eine eher zurückhaltende Rolle gespielt. Es war aber auch ein Spagat, einerseits mit dem Staat im Gespräch zu bleiben, andererseits die wendebewegten Gemeinden zu unterstützen. Dabei haben die evangelischen Landeskirchen ihren Mitarbeitern viel Freiraum gelassen, als sie die Kirchen für politische Veranstaltungen öffneten. Aber letztlich waren es ja nicht nur die offenen Kirchen und die kirchlichen Mitarbeiter, die das Wunder einer gewaltlosen Revolution möglich machten. Es war das gemeinsame Vertrauen aller, Christen und Nichtchristen, darauf, dass die Zeit für politische Veränderungen gekommen war. Gemeinsam vertrauen, gemeinsam intensiv wünschen. Für uns Christen hieß das glauben und beten. Und ich denke, alle haben damals gespürt, dass ein guter Geist unter uns gegenwärtig war: Ein Geist der Solidarität, der Selbstlosigkeit, des Friedens, der Gemeinschaft, eben Heiliger Geist dessen, der uns das Ideal vorgelebt hatte: Jesus von Nazareth.

Für mich war die Wendezeit eine Zeit der Buße. So verstehe ich Wende: als Umkehr! Vierzig Jahre lang hatten ich und die meisten DDR-Bürger das Maul gehalten, sich angepasst, sich verbogen, sich demütigen lassen. Wir alle hatten durch unser ängstliches Schweigen die Missstände in der DDR mit verschuldet. Und das, obwohl wir kurz vorher eine noch verhängnisvollere Diktatur, die der Nazis, geduldet und erduldet hatten. Diese Einsicht und die Reue darüber machten mir Mut und gaben mir Kraft, die Wende mitzubewirken. Dass sie uns gewaltlos gelang, konnte ich als Vergebung glauben, die wir Deutschen so verdammt nötig hatten.

20 Jahre sind seit der Revolution vergangen. Was ist vom Aufbruch 1989 geblieben? . . . .
. . . .
Viele Menschen, mit denen ich spreche, bekommen nasse Augen, wenn sie sich an die Wendezeit erinnern. Das hat nichts mit Nostalgie, wohl aber mit Gemeinschaft und Aufbruchgefühl zu tun, das wir damals hatten. Wir hatten die Chance, als wir es lernten, aufrecht zu gehen, mit unserer Lebensgeschichte Weltgeschichte zu machen. Und wir haben diese Chance wahrgenommen. Dass die »Revolutionäre« sich dann selbst überflüssig gemacht hatten, war eine melancholische aber notwendige Erkenntnis. Wir hatten erfahren, welche verändernde Kraft von gutem gemeinsamen Wollen und Tun ausgehen kann. Das ist wert, nicht vergessen und vor unserer Jugend bezeugt zu werden. Sie muss wissen, wozu Deutsche im schlimmsten Fall fähig waren und was sie Gutes erreichen konnten, wenn sie es gemeinsam wollten. Es lohnt sich auch zu erinnern, dass 100 DM pro Person guten Geist verschwinden ließen und dass die abrupte Wiedervereinigung Deutschlands durchaus nicht für alle

den Himmel auf Erden bedeutete. Kaum jemand wird sich die DDR oder gar die Mauer zurückwünschen, höchstens im Zorn, wenn er sich wieder einmal durch westdeutsche Taktlosigkeiten gedemütigt fühlt. Aber Mitgefühl mit den Verlierern der Wende muss erlaubt sein. Und es muss auch erlaubt sein, über eine andere Gesellschaft nachzudenken.

Was politisch von dem Aufbruch 1989 blieb, werden wir zum 20. Jahrestag der Wende überlegen müssen.

Stojan Gugutschkow (geb. 1953 in Burgas/Bulgarien, verheiratet, ein Sohn) machte 1972 Abitur am deutschsprachigen Gymnasium in Burgas, studierte 1976-1977 Germanistik an der Universität in Sofia, setzte das Studium von 1977-1981 an der Leipziger Universität fort und schloss sein Diplom mit der Note »Sehr gut« ab. Er heiratete 1981 in Leipzig (1982 wurde der Sohn geboren) und suchte sich von 1981-1984 Gelegenheitsjobs als freischaffender Reiseleiter und Dolmetscher, war aber faktisch arbeitslos, da die DDR-Behörden keine Zuständigkeit für einen bulgarischen Staatsangehörigen akzeptierten. 1984 siedelte die Familie nach Bulgarien um, dort arbeitete Gugutschkow mit befristeten Arbeitsverträgen als Dozent für Deutsch an verschiedenen Einrichtungen in Burgas. 1988 folgte die Rückkehr nach Leipzig, wo er eine Tätigkeit als wissenschaftlicher Mitarbeiter an einem Institut aufnahm.

Stojan Gugutschkow engagierte sich im Herbst 1989 im Demokratischen Aufbruch und wurde dort in den Bezirksvorstand gewählt, ab Februar 1990 machte er in der SPD mit, war für beide von Januar bis Mai 1990 Vertreter am Runden Tisch der Stadt Leipzig

Stojan Gugutschkow

und wurde vom Runden Tisch mit dem Vorsitz der Kommission für Ausländerfragen beauftragt. Seit Anfang Mai 1990 ist er Ausländerbeauftragter der Stadt Leipzig und damit dienstältester Ausländerbeauftragter in den östlichen Bundesländern.

Er wurde 1992 mit dem Theodor-Heuss-Preis ausgezeichnet und engagiert sich in zahlreichen Gremien, die mit Integrationsfragen befasst sind.

Wann haben Sie im Jahr 1989 zum ersten Mal gespürt, dass sich in der DDR etwas ändert? Wie haben Sie darauf reagiert? ....
....

Eigentlich, und das hängt mit meiner persönlichen Geschichte zusammen, habe ich bereits 1988 Veränderungen gespürt. Ich war zwischen 1984 und 1988 mit meiner Frau und unserem Kind in meiner alten Heimat Bulgarien. Als ich nach diesen vier Jahren nach Leipzig in unsere alte Wohnung zurückkehrte, habe ich Veränderungen negativer Art gespürt. Zum einen rein äußerlich: Die DDR und Leipzig waren noch grauer geworden. Auch die Menschen waren grauer geworden. Es gab mehr Frust und Resignation als 1984.

Ich musste mich wieder ein Stückchen in den DDR-Alltag einleben, der aber immer noch erträglicher als der bulgarische war. Trotzdem staute sich bei mir der Frust durch persönliche Erlebnisse im Arbeitsumfeld. Ich wurde ständig in Diskussionen verwickelt, auch im Freundes- und Bekanntenkreis. Dort hörte ich immer wieder: Der ist ausgereist. Jener ist weg. Interessanterweise ist aber von meinen engsten Freunden niemand ausgereist. Sie sind alle hiergeblieben, aus welchen Gründen auch immer. Auch im Verwandtenkreis, bei meiner deutschen Verwandtschaft, gab es keine Ausreisen. Dennoch war es bedrückend, immer wieder zu hören, wer ausgereist war. Das war eine Erfahrung, die ich aus Bulgarien nicht kannte, bzw. eher eine Feststellung über die Stimmung als eine konkrete Erfahrung. Diese Ausreisebewegung war für mich stärker ein Prozess des Herbstes 1988, der dann in das Jahr 1989 mündete. Es war also keine Erfahrung, die an einem Stichtag festgemacht werden könnte. Beim Leipziger Kirchentag im Juli 1989 spürte ich einen deutlichen Veränderungswillen. Die Menschen hatten etwas mehr Mut und zeigten ihn auch. Ich erinnere mich an Transparente und an den Demonstrationszug, der sich von der Pferderennbahn in Richtung Innenstadt bewegte und dann von den Staatsorganen auseinandergetrieben wurde.

Wie haben Sie die Kommunalwahlen im Mai 1989 erlebt? . . . .
. . . .

Ich war im Frühjahr 1989 in der DDR vom Status her Ausländer. Ich hatte meinen bulgarischen Pass und eine Aufenthaltsgenehmigung für die DDR. Die Ausländer in der DDR durften damals zum ersten Mal wählen. Das war ein Propagandamanöver der DDR-Regierung, weil zu diesem Zeitpunkt in Westdeutschland diskutiert wurde, ob dort lebende Ausländer das Wahlrecht bekommen sollten. Es war ein interessanter Zug der DDR-Politik gegenüber Westdeutschland: Die »Bösen im Westen« streiten sich und geben ihren Ausländern nicht das Kommunalwahlrecht. Wir aber sind besser und tun es.

Deshalb hätte ich im Mai 1989 das erste Mal in der DDR wählen dürfen. Ich habe von diesem Wahlrecht aber keinen Gebrauch gemacht. Ich habe gedacht: Was soll mir als Ausländer passieren? Man kann mich ohnehin nicht zwingen. Ein bisschen Risiko war vielleicht dabei – aber das bin ich eingegangen. Das war meine Art der bescheidenen Opposition, wenn man es so will.

Das andere, was ich mit diesem Tag verbinde, war die Stimmung in der Zeit davor und danach: Viele Menschen sagten vor der Wahl: Ich gehe nicht hin. Oder: Ich streiche dieses Mal durch. Oder: Ich mache den Wahlzettel ungültig.

Am Wahltag bin ich mit meiner Frau und unserem siebenjährigen Sohn in die Leipziger Innenstadt gegangen. Als wir die Grimmaische Straße entlangliefen, trafen wir auf eine Ansammlung von Menschen, die von der Polizei auseinandergetrieben wurde. Unser Sohn geriet in Panik, als er die rennenden Polizisten sah, die auf die Menschen zuliefen, und fing an zu schreien. Deshalb gingen wir schnell nach Hause.

Spannend wurde es dann am Abend, als ein guter Freund, der ganz bewusst in die Wahlkommission einer Leipziger Hochschule gegangen war, zu uns kam. Er teilte uns freudig und aufgeregt unter Freunden mit, dass so und so viele der Stimmen, die dort abgegeben worden waren, ungültig waren und so und so viele Wähler gar nicht gekommen waren. Dabei handelte es sich um zweistellige Prozentzahlen! Wir waren alle gespannt, wie daraufhin das Ergebnis aussehen würde. Umso deprimierender war es, als am Abend der Genosse Egon Krenz im Fernsehen das »tolle« Ergebnis bekannt gab. Es war ziemlich klar und wurde in den nächsten Tagen noch deutlicher durch andere Gespräche und Anzeichen, dass die Wahlergebnisse manipuliert waren.

Das Wort »Reform« hatte seit Mitte der 80er-Jahre durch Gorbatschow einen neuen Klang bekommen. Welche Bedeutung hatte für Sie dieses Wort? ....
....

Ich kann mich nicht genau erinnern, dass ich mich mit dem Begriff großartig auseinandergesetzt hätte. Für mich sind die Begriffe »Perestroika« und »Glasnost« eher gegenwärtig. Nicht nur weil ich Russisch verstehen konnte, sondern weil sie auch hier gängige Begriffe waren. Ich hatte durch meine Tätigkeit die Gelegenheit, sowjetische Zeitungen zu lesen. Deshalb wusste ich, was sich dort tut. Ob man das als Reform bezeichnen kann, müsste man überlegen. Aber zumindest gab es unter Gorbatschow eine gewisse Öffnung der Sowjetunion, die es hier noch nicht gab. Das hat Hoffnungen geweckt. Es gab eine gewisse Öffnung in den Medien. Es gab Diskussionen und gemäßigte Kritik an bestehenden Zuständen. Da war die Sowjetunion ein Stückchen weiter als die DDR. Es war kein Zufall, dass in der DDR in dieser Zeit verstärkt sowjetische Presseerzeugnisse gelesen und zum Teil auch verboten wurden.

War für Sie der Sozialismus reformfähig? ....
....

Ja, das war wahrscheinlich die einzige Hoffnung. Ich glaube, zu diesem Zeitpunkt war der Zusammenbruch des Systems von kaum jemandem absehbar. Es wäre eine konstruierte Behauptung zu sagen, ich hätte gewusst, dass das System zusammenbricht. Oder es sei nicht reformfähig. Diesen Glauben gab es bis in den Herbst/Winter 1989. Auch die Bürgerbewegungen hatten auf die Reformfähigkeit des Sozialismus gesetzt. Beim Neuen Forum und den anderen Bürgerbewegungen ging es nicht um den Systemwechsel, sondern um Reformen.

Erst später ging es um Vereinigung oder einen anderen Weg. Ich hatte, wie viele andere auch, eine vorsichtige Hoffnung auf Reformen im bestehenden System, weil der Zusammenbruch des Systems zu ahnen, aber nicht unmittelbar abzusehen war. Ich würde mich wundern, wenn jemand behaupten würde, er habe bereits im Frühjahr/Sommer 1989 gewusst, dass es eine deutsche Vereinigung geben würde.

In der DDR war der Alltag politisch. Deshalb suchten sich viele Menschen unpolitische Nischen. Im Jahr 1989 änderte sich das. Wann verließen Sie Ihre Nische? Wann wurden Sie von der Revolution erfasst? . . . .
. . . .
Der Alltag war in der Tat politisch. Aber auch meine Nische war politisch. Ich habe mit Gleichgesinnten mit ähnlichen Einstellungen ständig diskutiert. Meine Nische war lange Jahre der Leipziger Universitätschor. Dort hatte ich einen sehr guten, engen Freundeskreis mit Menschen, die die gleiche Wellenlänge hatten, ohne oppositionell oder Bürgerrechtler zu sein. Wir haben zwar im Nachhinein erfahren, dass bestimmte Mitarbeiter dabei waren, die über den Chor berichtet haben, aber das war uns zu diesem Zeitpunkt nicht so gegenwärtig. Dieser Chor war eine Nische. Insofern waren unsere Zusammenkünfte auch immer politisch. Das war eine Nische, die sich viele Menschen gesucht haben: Es gab die Musik, den Chorgesang, aber auch die Pausen und Gespräche danach, davor und dazwischen. Spätestens mit den Leipziger Herbstdemonstrationen

habe ich diese Nische verlassen. Ich war bei den Montagsdemonstrationen dabei und habe in der Bürgerbewegung intensiv mitgearbeitet.

Seit dem Beginn der Sommerferien 1989 flohen Tausende DDR-Bürger in den Westen. Was ging in Ihnen vor, als Sie die TV-Bilder von der Massenflucht sahen?..

Ich habe die Bilder ständig verfolgt. Ich wurde unentwegt damit konfrontiert, auch wenn mir ein paar Wochen fehlten, weil wir im August gerade in Bulgarien Urlaub am Schwarzen Meer machten. Aber auch dort hörte ich, was gerade in Ungarn lief. Und dann kamen die Bilder von den überfüllten Botschaften. Da kam bei mir zum ersten Mal eine gewisse Ratlosigkeit auf: Was soll das werden? Wie soll das weitergehen?

Warum sind Sie in der DDR geblieben?..

Wir, meine Familie und ich, hatten genug von Umzügen. Für meine Frau bedeutete die Ausreise 1984 nach Bulgarien das Gleiche wie bei all den anderen, die in den Westen gezogen sind. Das stand für uns nicht schon wieder zur Debatte. Wir hatten zunächst genug vom Wandern und hatten uns erst 1988 entschieden, von Bulgarien in die DDR zu gehen. Die Entscheidung war noch jung genug. Deshalb war der Gedanke wegzugehen gar nicht da.

Was ging Ihnen durch den Kopf, als Sie die Bilder von Hans-Dietrich Genscher auf dem Prager Balkon sahen? Was bedeutete damals für Sie dieser Schrei der Menschen?..

Ich glaube nicht, dass es so sehr durch den Kopf ging. Es ging eher durch das Herz oder den Bauch, weniger durch den Kopf. Es war ein Gänsehautgefühl, also eher ein emotionales als ein rationales Erlebnis für mich.

Die Zustände waren mir nicht fremd. Ich bin in einem anderen sozialistischen Land aufgewachsen, das in vielen Punkten ziemlich ähnlich war. Zudem hatte ich mich bereits mehrere Jahre in der DDR aufgehalten. Ich war durchaus in der Lage, mich mit den Menschen und deren Gefühlen zu identifizieren. Ich war nicht fremd in dem Land. Sicher hat man eine gewisse Distanz als Nichtdeutscher. Aber ich denke schon, dass ich ähnliche Gefühle hatte wie meine DDR-Freunde oder Verwandten. Ich konnte mich diesem Gänsehautgefühl nicht entziehen. Ich war in der Situation nicht der fremde Bulgare, der von außen betrachtet. Ich konnte mich zwar nicht so sehr mit dem System, wohl aber mit den Menschen identifizieren. Deshalb fühlte ich auch ähnlich.

Ende September gab es die ersten größeren Demonstrationen in der DDR. Wie haben Sie damals diese ersten Zeichen des Aufbruchs erlebt?

Ich war nicht unmittelbar an den ersten Demonstrationen beteiligt. Aber ich habe sie intensiv verfolgt. Dem konnte ich mich auch nicht entziehen. Denn im Familien- und Freundeskreis gab es immer wieder Diskussionen. Ich kann mich gut erinnern, wie wir am 25. September bei einem Schwager saßen und Geburtstag feierten. Mein inzwischen verstorbener Schwiegervater rauchte gern nachmittags eine Zigarre und ging in die Stadt. Als er zurückkam, sagte er: »Ihr sitzt hier und draußen tobt die Weltrevolution.« Es war halb ernst und halb scherzhaft gemeint.

Im September wurde das Neue Forum gegründet. Der Name »Neues Forum« wurde bald zu einem Markenzeichen für Reformwillige. Wie standen Sie zum Neuen Forum bzw. zu den anderen neuen Oppositionsgruppen? ....
....

Ich habe das alles aufgesaugt. Ich kann mich gut erinnern, wie wir uns Mitte September zu einem Chorwochenende in Halle an der Saale getroffen haben. Jemand hatte den Aufruf vom Neuen Forum mitgebracht und ausgelegt. Jeder konnte sich nun eintragen und unterschreiben. Die meisten haben unterschrieben. In den Pausen haben sich sehr viele an den Flügel gestellt und den knappen Text außerdem per Hand abgeschrieben, denn es gab ja kaum Vervielfältigungsmöglichkeiten in der DDR.

Ich kann mich deshalb besonders gut daran erinnern, weil es mit einer prophetischen Begebenheit verbunden ist: Einer von uns, ein ganz lustiger Typ, der diese Szene des Abschreibens beobachtete, sagte: »Leute, was müht ihr euch hier ab? In ein paar Monaten erscheint das alles im Dietzverlag.« Wir mussten natürlich alle lachen. Es hat sich aber bewahrheitet. Er hatte Recht: Einige Monate später sind solche Sachen ganz offiziell und legal veröffentlicht worden.

Obwohl ich Bulgare bin, habe ich die Entwicklung in der DDR nicht als fremde Angelegenheit betrachtet. Ich bin immer ein politisch denkender und interessierter Mensch gewesen. Außerdem hatte ich mich für Leipzig als Lebensmittelpunkt entschieden. Zunächst bin ich »nur« zu den Friedensgebeten gegangen und bin bei den Demonstrationen »nur« mitgelaufen. Mein politisches Engagement kam dann, als ich mich in Leipzig in einer anderen Bürgerbewegung engagiert habe. Das ging im November los. Da wurde ich aktiv. Einer meiner Freunde fragte mich, ob ich nicht zu einer Versammlung des Demokratischen Aufbruchs mitkommen wolle. Ich bin mitgegangen. Daraus hat sich eine sehr intensive Mitarbeit in dieser neu entstandenen Bürgerbewegung ergeben. Die ging dann bis zur Teilnahme am Leipziger Runden Tisch.

**Gab es für Sie im Jahr 1989 einen Punkt, an dem Sie für sich eine unwiderrufliche Entscheidung zu treffen hatten, die Sie sich reiflich überlegen mussten? – Wenn ja: Welche Entscheidung mussten Sie treffen? Welche Faktoren waren ausschlaggebend?........
....**

Es fällt mir schwer, das an einzelnen Punkten oder Terminen festzumachen. Möglicherweise ist jedoch der Wahltag so ein Punkt gewesen, an dem man sich auch im Kleinen entscheiden musste: Geh ich hin oder nicht? Wenn ja, wie verhalte ich mich? Das war sicher ein Punkt der kleinen persönlichen Entscheidung. Ein anderer war vielleicht Anfang September. Da wurde unser Sohn eingeschult. Gleich in der ersten Woche kam die Klassenlehrerin zu uns nach Hause. Wir haben ihr ganz bewusst mitgeteilt – das hatte ich zuvor mit meiner Frau besprochen –, dass für unseren Sohn ein Eintritt in die Pionierorganisation nicht in Frage kommt. Sie zuckte zunächst. Dann hatte sie sich schnell wieder gefasst. Sie sagte nur: »Oh. Da habe ich ein zweites Problem.«

Ansonsten war es eher ein Prozess und nicht so sehr an einen Tag gebunden. Die Faktoren, die ausschlaggebend waren, waren die innere Einstellung, die Einstellung zum System, zu den Zuständen und zu den Verhältnissen, die es gerade gab. Also nicht die große Opposition.

**Gab es für Sie im Herbst 1989 einen Moment der Angst? Vor was haben Sie sich gefürchtet? Wie haben Sie reagiert?..........
....**

Ja, sicher! Ich verbinde mit dem 9. Oktober dieses Angstgefühl. Im Vorfeld wurde den Menschen offiziell und inoffiziell Angst gemacht. Offiziell stand in einem Leserbrief in der »Leipziger Volkszeitung« die getarnte Warnung, dass die DDR, wenn nötig, mit der Waffe in der Hand verteidigt werde. Inoffiziell wussten wir von unseren Nachbarn, die beide Ärzte waren, dass sie im Bereitschaftsdienst eingesetzt waren und zusätzliche Blutkonserven bestellt worden waren. Das heißt: Ich musste nach diesen Informationen von verschiedenen Seiten mit etwas Schlimmem rechnen. Da konnte ich nur Angst haben. Ich habe mich davor gefürchtet, dass etwas passiert, was mit den Ereignissen auf dem »Platz des himmlischen Friedens« in Peking vergleichbar wäre. Zur Demonstration konnte ich an diesem Tag zunächst nicht gehen, da ich an diesem Abend auf drei kleine Kinder aufpassen musste.

Die Angst aber war da. Ich habe zu diesem Zeitpunkt in der Innenstadt gearbeitet. Unsere Vorgesetzten hatten uns bereits am Mittag, es war ein normaler Wochentag – ein Montag – nach Hause geschickt mit der ausdrücklichen Empfehlung, die Innenstadt zu verlassen und sich dort nicht aufzuhalten. Am Nachmittag konnte ich von meiner Wohnung aus sehen – wir wohnten in der Nähe eines Polizeireviers –, wie die Polizeiwagen und Mannschaftswagen in Bereitschaft versetzt wurden. All das konnte nur Angst hervorrufen. Ich habe sie aber irgendwann doch etwas zurückgedrängt.

Am Abend hielt ich es nicht mehr zu Hause aus. Ich sagte zu meiner Frau: »Pass mal auf die Kinder auf. Ich muss noch einmal raus. Mach dir keine Sorgen. Ich nehme meinen bulgarischen Pass mit. Einem Ausländer werden sie so ohne Weiteres nichts antun.« Ob das nun realistisch war, weiß ich nicht. Aber ich hatte mir gedacht: Na ja, wer weiß was passiert? Vielleicht wirkt das, wenn man sich als Ausländer ausweist. Als ich rauskam, lief die Demonstration schon. Ich hörte schon von Weitem unidentifizierbare Rufe. Als ich an den Ring kam, war die Demonstration fast die ganze Runde gelaufen. Jetzt war klar, dass es keine »chinesische Lösung« gab.

Das war der Tag der Angst für mich. Natürlich hatte ich bei den nächsten Demonstrationen auch in gewisser Weise Angst. Aber erst im Nachhinein haben wir erfahren, dass es mit dem 9. Oktober tatsächlich nicht erledigt war. Denn die Staatsorgane waren auch bei den späteren Demonstrationen bereit, sie mit Gewalt aufzulösen.

Es ist dann zwar nicht dazu gekommen, aber die Gefahr war nicht gebannt.

Am 16. Oktober war es wiederum so, dass unsere Familie nach dem Friedensgebet in der Thomaskirche zur Demo wollte. Dann hat aber unser Sohn, der mit dabei war, mitten in der Menschenmenge eine solche Angst und Panik bekommen, dass er zu schreien anfing. Denn die schlimmen Erinnerungen an den Wahlsonntag im Mai und an den Kirchentag waren noch präsent. Da ist meine Frau mit dem siebenjährigen Erstklässler nach Hause gegangen und ich habe allein die Runde gedreht.

Welche glücklichen Momente verbinden Sie mit dem Herbst 1989?

Mit den Demonstrationen verbinde ich die glücklichen Momente. Mit ihnen verbinde ich also sowohl Angst als auch Glück. Das Glücksgefühl bekam ich, wenn ich Montag für Montag um den Ring ging. Später hatte ich dieses Gefühl zum Teil auch bei den Vorbereitungen und Nachbereitungen der Demonstrationen. Es war das Gefühl, etwas verändern zu können. Ich habe das unmittelbar gespürt: Im Laufe der Woche dachten wir uns immer Parolen oder Transparente für den kommenden Montag aus. Oft wurden diese Forderungen bereits bis zur nächsten Demonstration umgesetzt. Das waren wahrscheinlich die Momente, die man als glücklich bezeichnen kann.

Welche Rolle haben aus Ihrer Sicht die Kirche und der Glaube im Herbst 1989 gespielt?

Die Kirchen waren sowohl Schutzraum als auch Garant für Gewaltlosigkeit. Nicht alle Menschen, die in die Kirchen gegangen sind, waren kirchlich. Sie sind in die Kirchen gegangen, weil sie wussten, dass sie dort vor dem Zugriff der Staatsorgane geschützt waren. Durch ihre Appelle an die Menschen haben die Kirchen zur Gewaltlosigkeit beigetragen.

Von den Kanzeln wurde den Menschen immer wieder ins Gewissen geredet: Bitte, bitte keine Gewalt! Ich habe in Leipzig erlebt, dass die Macht der Kerzen tatsächlich stärker war als die staatliche Gewalt.

Warum blieb die Revolution friedlich?

Die Revolution blieb friedlich, weil die Demonstranten auch friedlich geblieben sind. Natürlich gab es dafür keine Garantie. Das war für mich faszinierend und beglückend zugleich. Es flog kein Stein. Niemand wurde handgreiflich. Ich erinnere mich, dass in Leipzig immer die Emotionen hochkochten, wenn wir an der Runden Ecke, der Stasi-Bezirksverwaltung, vorbeigezogen sind. Doch dann gab es immer genügend besonnene Menschen, die die Hitzköpfe davon abgehalten haben, Gewalt anzuwenden. Ich denke, es war die Macht der Gewaltlosigkeit, die alle Beteiligten erkannt hatten. Anders kann ich es auch nicht erklären. Natürlich hätte von der anderen Seite Gewalt angewendet werden können, auch gegen Gewaltlose. Es ist nicht geschehen, durch welche Umstände auch immer. Das müssen andere untersuchen.

20 Jahre sind seit der Revolution vergangen. Was ist vom Aufbruch 1989 geblieben?

Für mich ist das beglückende Gefühl geblieben, Zeuge einmaliger geschichtlicher Ereignisse gewesen zu sein und im bescheidenen lokalen Umfeld mitgewirkt zu haben, dass Deutschland, aber auch Europa und die Welt verändert wurden. Das ist meine persönliche Sicht und das ist nicht verklärend und idealisierend. Ich war dabei. Ich war unmittelbarer Zeuge dieser Ereignisse. Außerdem ist für mich die Erfahrung geblieben, dass auch ein als unerschütterlich betrachtetes System nicht ewig Bestand haben kann, wenn es ein Unrechtssystem ist. Und es ist auch die Erfahrung geblieben, dass es die einzige erfolgreiche friedliche Revolution in Deutschland war.

Stephan Krawczyk

Stephan Krawczyk (geb. 1955 in Weida) studierte nach dem Abitur Musik in Weimar und war von 1978–1983 Mitglied der Folk-Gruppe »Liedehrlich«. 1981 erhielt er den Hauptpreis beim DDR-Chansonwettbewerb für »hervorragende künstlerische Gesamtleistung«. Doch seine immer kritischer werdenden Texte führten zum Auftrittverbot, sodass er seit 1985 nur noch im geschützten Rahmen der Kirche auftreten konnte. Krawczyk wurde mit seinen Liedern zu einer der bedeutendsten Personen der DDR-Opposition, wurde von der Stasi überwacht und unter Druck gesetzt und schließlich 1988 verhaftet, was deutschlandweit für großes Aufsehen sorgte. Die Stasi versucht alles, um ihn zu einer »freiwilligen Ausreise« zu bewegen, und schließlich wurde er zusammen mit Freya Klier, mit der er verheiratet war, in die Bundesrepublik abgeschoben.

Krawczyk hat seit den 1990er-Jahren mehrere Bücher veröffentlicht, die sich auch mit dem Lebensgefühl der Menschen, die in der DDR sozialisiert waren, auseinandersetzen. Er bekam 1992 den Bettina-von-Arnim-Preis, 2001 den Verdienstorden des Landes Berlin und 2005 die Auszeichnung der 14 Lutherstädte Deutschlands »Das unerschrockene Wort« verliehen.

Stephan Krawczyk lebt als freier Schriftsteller, Komponist und Sänger in Berlin-Neukölln.

Wann haben Sie im Jahr 1989 zum ersten Mal gespürt, dass sich in der DDR etwas ändert? Wie haben Sie darauf reagiert? ....

Die Flut an Flüchtlingen aus der DDR war ein deutliches Signal für notwendige Veränderungen, dem sich das Regime stellen musste – ob es wollte oder nicht. Natürlich wollte es nicht. Gorbatschow und Perestroika waren ein Graus für die Betonköpfe in der DDR. 1987 hatte ich den Konflikt in der »Ballade vom großen und vom kleinen Bruder« thematisiert. Das Verbot der sowjetischen Illustrierten »Sputnik« im Herbst 1988 schlug dem Fass den Boden aus. Nun konnten sich die DDR-Bonzen nur noch unter Vorbehalt auf den Bruderbund mit der Sowjetunion berufen – und so viel hatten sie sonst nicht, worauf sie sich ideologisch berufen konnten. Von außen betrachtet – im Februar 1988 wurde ich aus dem Stasiknast in den Westen abgeschoben – wirkte die DDR-Führung ratlos und handlungsunfähig.

Im September 1989 hätte man in den lachenden und winkenden Menschen der Flüchtlingszüge CSSR-BRD via DDR auch eine Trauergemeinde erkennen können, die am Sarg »DDR« steht und nicht anders kann, als sich zu freuen. Aber ich habe keine Trauergemeinde gesehen, sondern Flüchtlinge, die dorthin kamen, wo ich schon war: in die real existierende Demokratie, die bald den Punkt hinter das realsozialistische Fragezeichen setzen würde.

Im Herbst 1989 befand ich mich auf einer langen Tournee durch Westdeutschland, die Schweiz und Österreich. Es war mir willkommen, dass die Öffentlichkeit mit dem Phänomen DDR stärker konfrontiert wurde als dies für gewöhnlich der Fall war. Ich nahm das Lied »Uns und einer fortgetriebenen Freundin« wieder ins Repertoire auf. Darin heißt es: »Fetzen greller Vogelschreie dringen durch die Mauerritzen./Jetzt im Zug nach Genua sitzen,/endlich auf dem Sprung ins Freie ...« Viele Besucher fragten mich, was ich von den Dingen hielte, die sich in der DDR abspielten. Das Interesse am

»kleinen Bruder« war deutlich gewachsen. Kurz gesagt lautete meine Antwort: »Mal abwarten.«

Wie haben Sie die Kommunalwahlen im Mai 1989 erlebt? . . . .
. . . .
Auch wenn ich im Osten gewesen wäre, hätte ich die Kommunalwahlen 1989 nicht erlebt, weil ich in der DDR nur einmal – mit 18 Jahren – wählen gegangen bin. Die beeindruckenden Wahlergebnisse der Genossen wären auch vor Mai 1989 nicht ohne Wahlmanipulation zu Stande gekommen. Erstaunlich empfand ich den Protest der Bürgerbewegung gegen die Wahlergebnisse. Schließlich war die Voraussetzung für diesen Protest, dass sie die Wahl ernst nahmen – ein Gedankenschritt, den ich schon lange nicht mehr gehen konnte.

Das Wort Reform hatte seit Mitte der 80er-Jahre durch Gorbatschow einen neuen Klang bekommen. Welche Bedeutung hatte für Sie dieses Wort? War der Sozialismus reformfähig? . . .
. . . .
Um etwas reformieren zu können, sollte es im Kern stimmen, sonst kann man es gleich ganz wegwerfen. Das Wort »Reform« habe ich deshalb im Zusammenhang mit Sozialismus eher als »an etwas herumdoktoren« verstanden. Die neuen Freiheiten, die Gorbatschow einführte, waren doch nichts anderes als bürgerliche Freiheiten. Der Sozialismus war nicht reformfähig, ohne seine Form gänzlich zu verlieren. Ironischerweise kann man sagen, dass er in dem Moment seine Form verlor, als er von der Utopie ins Praktische übersetzt wurde. Das Gute und Schöne der Idee wurde im Blut der Opfer ertränkt. Der amerikanische Dichter Ezra Pound hat es so gesagt: »Es starben Millionen, darunter die Besten, für eine alte Sau mit verfaulten Zähnen, für eine verpfuschte Zivilisation.«

Wie viele gelernte DDR-Bürger glaubte auch ich irgendwann und in nebulöser Weise, der Sozialismus könne, auf den Stand seiner gütigen Idee reformiert, zu einer menschenwürdigen Gesellschaft »umgebaut« werden. Eine oft gebrauchte Redewendung hieß: »Die Idee ist gut, nur der Mensch ist nicht reif dafür.« Eine durchaus zynische Sentenz, doch wurde sie nur in aufgeklärten Kreisen als solche gebraucht. In der Regel waren wir so unaufgeklärt, dass wir den Satz bejahten und uns während des Nickens als jemand fühlten, der ein bisschen besser war als jene, die uns für die Idee noch nicht reif genug schienen.

In der DDR war der Alltag politisch. Deshalb suchten sich viele Menschen unpolitische Nischen. Im Jahr 1989 änderte sich das. Wann verließen Sie Ihre Nische? Wann wurden Sie von der Revolution erfasst? ....
....
Meine Nische, wenn man das so nennen möchte, war die Kunst. Irgendwann ging ich auf die Bühne und sang das »Nischenlied«. Ich hatte ein solches Lied geschrieben, ein wehmütiges Lied, in dem der Rückzug aufs Private beklagt wird. Der Applaus klang wie: »So ist es eben.« In einer Gesellschaft der Doppelmoral muss es zwei Welten geben. Die private Welt war von der heutigen privaten Welt vielleicht nur darin unterschieden, dass es weniger Ablenkung gab. Vergleicht man den Angler von heute mit einem Angler, der in der DDR geangelt hat, wird man im Gesichtsausdruck keine politisch bedingten Unterschiede feststellen können. Der Unterschied liegt eindeutig in der Ausrüstung. Die Nischen waren in der DDR autarker. Man wurde nicht durch Angebote dazu bewegt, Nischen zu beziehen.

Auf Grund meiner Beobachterposition im Westen wurde ich nicht von der »Revolution« erfasst. Als ich dieses Wort zum ersten Mal in Zusammenhang mit dem Mauerfall hörte, fiel mir auf, dass es dieses Mal ganz im Sinne seiner Bedeutung angewandt wurde:

Revolution ist die Umkehrung der Evolution. Schließlich hatte ich in der Schule gelernt, der Sozialismus sei eine höhere Stufe der gesellschaftlichen Entwicklung als der Kapitalismus.

Nachdem ich in einer Talkshow 1990 geäußert hatte, die Sache nicht Revolution, sondern Konsumputsch nennen zu wollen, wurde ich nicht mehr eingeladen. Ich hätte der Euphorie nicht so an die Karre fahren dürfen. Heute wäre ich rücksichtsvoller. Aber vor 20 Jahren!

Seit dem Beginn der Sommerferien 1989 flohen Tausende DDR-Bürger in den Westen. Was ging in Ihnen vor, als Sie die TV-Bilder von der Massenflucht sahen?.........................
....

Ich war voller Mitgefühl. Die Flüchtlinge waren Menschen, die alles aufgegeben hatten, um ihrem Drang nach Freiheit, was immer der Einzelne darunter verstanden haben mochte, mutig und entschlossen zu folgen.

Meine Eltern waren Kriegsflüchtlinge. Meine Mutter hatte mir von diesem Schicksal erzählt. In ihren Schilderungen des Fremdseins hatte ich mich wiedergefunden, nachdem ich im Westen angekommen war. Freilich unter anderen Umständen und Bedingungen, aber doch so verwandt, dass ich anderthalb Jahre später mit den sogenannten Botschaftsflüchtlingen fühlen konnte – das Wort »Flüchtling« behielt in mir die emotionale Deutungshoheit.

Warum sind Sie in der DDR geblieben?..................
....

Was würde ein Baum sagen, wenn man ihn fragte, warum er im Wald geblieben ist? »Hier sind meine Wurzeln. Ich habe es mir nicht ausgesucht. Aber davor, mir die Wurzeln auszureißen, werde ich mich hüten.« Wird es für den Baum unerträglich, stirbt er. Der Mensch sucht sich einen anderen Ort, wenn es unerträglich wird. Und wenn es nicht unerträglich wird? Sie sagten in Ihrer fünften Frage, der Alltag sei politisch gewesen. Der Alltag war für eine große Bevölkerungsmehrheit unpolitisch, wenn man von den Ritualen des sozialistischen Gehabes einmal absieht. Ich kann mich nicht erinnern, dass Politik auf irgendeiner Verwandtschaftsfeier in meiner Kindheit eine Rolle gespielt hätte. Solange man sich von den gescholtenen Rändern des Hiesigen fernhielt, gab es ein stilles Einvernehmen mit der Lohn-und-Brot-Situation – gleich einem Baum, der die Frage nicht versteht, warum er im Wald geblieben ist.

Was ging Ihnen durch den Kopf, als Sie die Bilder von Hans-Dietrich Genscher auf dem Prager Balkon sahen? Was bedeutete damals für Sie dieser Schrei der Menschen? ....
....
Ich habe mich mit ihnen gefreut. Doch dann leuchtete mir auf, wie stark der Einzelne in einer solchen Situation von anderen abhängig ist. Genscher war ein Gott für sie, oder besser, Petrus, dem Gorbatschow den Schlüssel zum Paradies in die Tasche gesteckt hatte. Die Situation in der Botschaft war katastrophal. Ein Gebäudekomplex, der nicht für so viele Menschen geschaffen ist, kann zum Gefängnis werden, auch wenn er als Vorhof der Freiheit aufgesucht wurde. Allein die Aussicht auf bessere sanitäre Bedingungen mag den Schrei potenziert haben. Dennoch war es ein Befreiungsschrei – nur dass sich die Gefangenen nicht selbst befreit hatten, sondern von der Diplomatie zu etwas befreit wurden, wovon sie lediglich Vorstellungen hatten.

Ende September gab es die ersten großen Demonstrationen in der DDR. Wie haben Sie damals diese ersten Zeichen des Aufbruchs erlebt? ....
....

Ich habe mir vorgestellt, wie mein Leipziger Freund Michael, mit dem ich 1986/87 Unterschriften für einen zivilen Wehrersatzdienst gesammelt hatte, in der ersten Reihe mitmarschiert und ruft: »Bürger lasst das Glotzen sein, kommt herunter, reiht euch ein!«
Mein Verhältnis zu Demonstrationen war nicht mehr so jungfräulich, wie dies in der DDR der Fall gewesen ist. Seit der Anti-IWF-Demo im Sommer 1988 in Westberlin hatte ich Demos gemieden. Dass es nun im Osten möglich sein sollte zu demonstrieren, war ein Zeichen für Schwäche und Orientierungsverlust der Führung. Wie schwach sie wirklich war, hat wahrscheinlich nicht einmal das Politbüro gewusst, am wenigsten Erich Honecker, sonst hätte er dem »Antifaschistischen Schutzwall« keine 100 Jahre mehr gegeben.

Von heute aus gesehen war die Zeit reif für den friedlichen Sturm auf die Bastille. Ein Jahr früher – ohne das deutliche Zeichen von Gorbatschow, die Botschaftsflüchtlinge ziehen zu lassen – hätten sich die Machthaber womöglich an den Ereignissen auf dem »Platz des Himmlischen Friedens« vor einem reichlichen Jahr in Peking orientiert.

Das DDR-Volk war gespalten – in diese, die weg wollten und jene, die bleiben wollten, nicht insgeheim, sondern öffentlich. War es nicht auch ein Antrieb für die ersten Demonstranten, den Ausgereisten die Redewendung »Bleibe im Lande und wehre dich redlich« neu zu interpretieren?

Im September wurde das Neue Forum gegründet. Der Name »Neues Forum« wurde bald zum Markenzeichen für Reformwillige. Wie standen Sie zum Neuen Forum bzw. zu anderen Oppositionsgruppen? ....
....

Am 2. Dezember 1989 durfte ich zum ersten Mal wieder in die DDR einreisen – an einem vorher bestimmten Grenzübergang zwischen den beiden Teilen Berlins. Ich war zu einer Veranstaltung eingeladen worden, die die gegangenen und gebliebenen Liedermacher wieder vereinen sollte. Im selben Jahr hatte ich eine Bürgerinitiative für das unverzügliche Verbot der FCKW-Produktion gegründet und mich tief in die Problematik der Naturzerstörung durch den Menschen hineinbegeben. Es waren auch einige Lieder entstanden. Ich hielt es für meine Pflicht, das Publikum im damaligen Haus der Jungen Talente in der Klosterstraße darüber aufzuklären, was der Menschheit drohe, wenn wir zwar die Gesellschaftsordnung, nicht aber unsere Lebensweise ändern. Der Refrain meines Liedes »Befürchtung« heißt: »Die Leute laufen falsch herum / und sehen nicht die Zeichen. / Wir werden vor der Dämmerung / die Dunkelheit erreichen.« Die Reaktionen darauf waren mehr als verhalten. Man wollte sich freuen, nicht gewarnt werden. Als ich dann noch verlautbarte, dass mich Liedermacherkollegen bespitzelt haben, fragte man, ob ich hier sei, um dreckige Wäsche zu waschen. Es wurde mir sehr schnell bewusst, dass ich nicht mehr dazugehörte. Ich habe mich nicht in die Ostbürgerbewegung eingemischt, wurde aber auch nicht gefragt, weder vom Neuen Forum, noch vom Demokratischen Aufbruch – von dem am allerwenigsten, da der Demokratische Aufbruch von Wolfgang Schnur dominiert wurde, meinem ehemaligen Anwalt und IM Torsten.

Gab es für Sie im Jahr 1989 einen Punkt, an dem Sie für sich eine unwiderrufliche Entscheidung zu treffen hatten, die Sie sich reiflich überlegen mussten? - Wenn ja: Welche Entscheidung mussten Sie treffen? Welche Faktoren waren ausschlaggebend?........
....

Meine unwiderruflichen Entscheidungen habe ich 1988 getroffen. Sie hatten mit der Wende nichts zu tun.

Gab es für Sie im Herbst 1989 einen Moment der Angst? Wovor haben Sie sich gefürchtet. Wie haben Sie reagiert? Welche glücklichen Momente verbinden Sie mit dem Herbst 1989? ....
....

Natürlich gab es Momente der Angst im Herbst 1989. Ein angstfreier Herbst muss noch erfunden werden. Doch vor Gewalt gegenüber den Demonstranten, zum Beispiel, dass der Staat seine Waffen gebraucht, davor hatte ich keine Angst. Aus irgendeinem Grund wusste ich, dass keine Schüsse fallen werden. Vor Veränderungen hatte ich ebenfalls keine Angst, da mich die wendebedingten Veränderungen vorerst nur in angenehmer Weise treffen konnten. Endlich musste ich nicht mehr fliegen, wenn ich in Westdeutschland zu tun hatte. Die Aussicht, meine nächsten Verwandten bald wiederzusehen, erfreute mich sehr. So schnell hatte ich nicht damit gerechnet. Außerdem wohnte meine damalige Freundin in Hamburg. Das Auto stand vor der Tür. So kam es zu einigen spontanen, sehr intimen Glücksmomenten.

Ich freue mich 1989 auch über den glücklichsten Moment der jüngeren deutschen Geschichte: den Mauerfall. Es gab keinen Schießbefehl mehr an der Grenze durch Deutschland - das war ein großer Schritt zurück zur Kulturnation. Die Stasi wurde entmachtet. Endlich wurde diesem Organ, das so vielen aufrechten Menschen das Leben schwer gemacht hat, das Handwerk gelegt. Es gibt viele Gründe, sich zu freuen, wenn eine Diktatur gestürzt ist. Auch verschwand ein Satz aus dem westdeutschen Sprachgebrauch: »Geh doch rüber!«

Eine persönliche Freude war es mir, meinem Bruder als Sieger der Geschichte wiederzubegegnen, nachdem er diesen Titel bisher für sich beansprucht hatte. Er war Parteisekretär im Chemiefaserkombinat Schwarza. Später, als die Bruderliebe vom ideologischen Riss genesen war, hat er mir erzählt, Ende 1989 habe er große Angst vor Lynchjustiz gehabt, so beinahe handgreiflich waren ihm die Bürger gekommen – die vielen, denen er plötzlich ausgeliefert gegenüberstand.

Welche Rolle haben aus Ihrer Sicht die Kirche und der Glaube im Herbst 1989 gespielt?

Die evangelische Kirche war das Schutzdach für jene, die anders dachten und das Andere nicht mehr nur denken wollten. Sie war ein Ort der Begegnung für Gleichgesinnte, und sie tat gut daran, den Glauben nicht in den Vordergrund zu stellen. Es gab mutige Pfarrer, die sich schon zu Ostzeiten für eine freiere Gesellschaft einsetzten, und solche, die sich an der Frohen Botschaft festhielten und die Welt auf ihren Platz verwiesen. In der Kirche war es diesbezüglich nicht anders als für gewöhnlich. Der Charakter des Einzelnen spielt nach wie vor eine große Rolle.

Die Bedeutung der evangelischen Kirche für die Wende liegt vielleicht stärker in den Jahren davor als in den unmittelbaren Ereignissen des Herbstes 89. Ohne die Offenheit einiger Pfarrer hätten die Gleichgesinnten womöglich gar nicht gewusst, dass sie so viele sind. 1986/87 waren Tausende in meinen Konzerten. Nirgendwo anders als in der Kirche hätte dies passieren können. Sie war nicht an das DDR-Veranstaltungsgesetz gebunden, konnte das »Salz der Erde« beherbergen, damit es nicht nass wurde, wenn es regnete.

Glaube und Hoffnung sind nicht voneinander zu trennen. Kommt dann noch die Liebe dazu, ist beieinander, was zusammengehört.

In Zeiten des Wandels empfindet der Mensch tiefer. Werden seine Empfindungen von Glaube, Liebe, Hoffnung begleitet und geleitet, wirft ihn der Sturm der Veränderungen nicht so schnell um. Wer für die Veränderung zum Besseren eintritt, hat die Hoffnung, es möge nützen, und er wünscht sich, wenn auch nicht immer offensichtlich, so doch tief im Innern, dass ihm alle guten Geister beistehen mögen – und so auch der liebe Gott, der, wenn man so will, alles ist.

20 Jahre sind seit der Revolution vergangen. Was ist vom Aufbruch 1989 geblieben? ....
....

Geblieben ist, dass alles und nichts mehr so ist, wie es war. Ich bin ein anderer geworden und doch immer noch derselbe. Den Aufbruch von 1989 erlebte ich nicht als so einschneidend für meinen Lebensweg. Als 14-Jähriger habe ich eine Gitarre in die Hand bekommen. Damals bin ich aufgebrochen. Heute wünsche ich mir manchmal, anzukommen.

Von dem Aufbruch im Sinne der Frage ist nichts geblieben, außer dass das Nachkommende darauf errichtet wurde. Vom Aufbruch ist geblieben, dass nicht geschossen wird, wenn man von Thüringen nach Hessen fährt. Geblieben ist das schöne Gefühl, nicht einfach so mitgenommen werden zu können, um zu erfahren, was es heißt, wenn sich die Tür nicht von innen öffnen lässt. Geblieben ist der Wunsch des Volkes nach Freiheit. Ein höheres Verantwortungsbewusstsein dem Großen und Ganzen gegenüber ist geblieben: Der Fluss Mulde ist nicht mehr bunt, weil ORWO Farbfilme entwickelt. Geblieben ist, dass die Träume von einer gerechteren Welt auf Taten angewiesen sind, sonst werden sie Träume bleiben. Und es ist auch geblieben, dass ich wieder ein anderer sein werde, obwohl ich derselbe bin.

Der Aufbruch von 1989 hat, und auch dies ist geblieben, den Versuch, das Himmelreich auf Erden zu errichten, ein weiteres Mal ad absurdum geführt.

Dagmar Schipanski (geb. 1943 in Sättelstädt/Thüringen, evangelisch, verheiratet, drei Kinder) studierte nach dem Abitur angewandte Physik an der Technischen Hochschule Magdeburg, wurde 1967 Diplomingenieurin und arbeitete bis 1985 als Assistentin, später Oberassistentin an der Technischen Hochschule Ilmenau, wurde dort 1985 Dozentin und 1990 Professorin. Bis 1993 wirkte sie als Dekanin der Fakultät Elektrotechnik und Informationstechnik sowie 1995/96 als Rektorin der Technischen Universität Ilmenau und war von 1996-1998 Vorsitzende des Wissenschaftsrates der Bundesrepublik Deutschland.

1999 wurde Dagmar Schipanski von CDU und CSU als Kandidatin für das Amt des Bundespräsidenten aufgestellt, obwohl sie keiner Partei angehörte, und gehörte ab dem Sommer 1999 als Ministerin für Wissenschaft, Forschung und Kunst der Landesregierung von Thüringen an. Im Jahr 2000 trat sie in die CDU ein, war bis 2006 Mitglied des Parteipräsidiums, 2002-2004 Präsidentin der Kultusministerkonferenz und ist seit Juli 2004 Präsidentin des Thüringer Landtages. Im November 2006 wurde sie in den Bundesvorstand der CDU gewählt.

Dagmar Schipanski

Dagmar Schipanski ist Mitglied in zahlreichen Kommissionen und Stiftungsgremien. 1996 wurde ihr das Bundesverdienstkreuz verliehen, 2000 erhielt sie vom Netzwerk Europäische Bewegung Deutschland den Preis »Preis Frauen Europas - Deutschland« und 2001 die Auszeichnung »Goldenes Lot« des Verbandes Deutscher Vermessungsingenieure.

Wann haben Sie im Jahr 1989 zum ersten Mal gespürt, dass sich in der DDR etwas ändert? Wie haben Sie darauf reagiert? ....
....

Als Michail Gorbatschow von der Gesellschaft für Deutsch-Sowjetische Freundschaft, deren Mitglied ich war, plötzlich verunglimpft wurde, habe ich zum ersten Mal gespürt, dass sich in der DDR etwas ändert. Die Kampagne zeigte mir, dass sich der Zusammenhalt im Ostblock wandelte. Meine Familie, meine Kollegen und ich waren von Gorbatschows Politik aufgewühlt. Vor allem sein Auftreten, wie er den festgefügten sowjetischen Politikstil aufweichte, bewegte uns. Dazu gehörte auch, dass er das eigene Nachdenken forderte. Der Slogan »I like Gorbi« war in allen Schichten, mit denen ich zu tun hatte, tief verankert. Als dann die DDR-Führung die Zeitschrift »Sputnik« verbot und Gorbatschows Gedankengut nicht akzeptierte, wurden wir alle sehr nachdenklich.

Wie haben Sie die Kommunalwahlen im Mai 1989 erlebt? ....
....

Ich habe im Mai 1989 gewählt. Zusammen mit meinem Mann habe ich per Briefwahl mit Nein gestimmt. Das haben wir einige Male gemacht, während wir zuvor mit Ja gestimmt hatten, weil es einen Druck gab, der heute kaum noch vorstellbar ist: Es gab kaum Wahlkabinen.

Oder die Wahlkabinen waren in der hintersten Ecke des Wahllokals. Die Wähler wurden beobachtet und bedrängt. Man konnte sehen, dass Häkchen in den Wählerlisten gemacht wurden, wenn doch einer die Kabine betrat. Da es kleine und überschaubare Wahllokale waren, konnten die Funktionäre später vergleichen, wer in die Wahlkabine gegangen ist und wie viele Neinstimmen es dann gab. Von geheimer Wahl konnte in der DDR überhaupt keine Rede sein. Durch unsere Briefwahl haben wir uns zumindest den unangenehmen Gang ins Wahllokal erspart.

In der kleinen Stadt Ilmenau hat es im Mai 1989 keine unabhängige Wahlbeobachtung von Bürgerrechtlern gegeben. Die hat es aber in Erfurt gegeben. Da ich als Oberassistentin an der Technischen Hochschule Ilmenau Forschungsaufträge für das Funkwerk in Erfurt bearbeitete, habe ich davon erfahren. In Ilmenau gab es lediglich Gerüchte. Anzeigen wurden aber nicht erstattet.

Das Wort Reform hatte seit Mitte der 80er-Jahre durch Gorbatschow einen neuen Klang bekommen. Welche Bedeutung hatte für Sie dieses Wort?..........................
....

Ich habe Gorbatschows Reformen von Anfang an mit sehr viel Aufmerksamkeit verfolgt. Ich hatte in der ARD eine Sendung gesehen, in der gezeigt wurde, wie Gorbatschow Großbritannien besuchte und dort als die neue Hoffnung für Russland vorgestellt wurde. Zu diesem Zeitpunkt wussten wir noch gar nichts über ihn, wir kannten ihn nicht. Wir hatten keine Ahnung, dass sich in der Sowjetunion Reformbestrebungen durchsetzen könnten. Das war für uns unvorstellbar. Deshalb habe ich sein Auftreten sehr aufmerksam beobachtet. Ich habe ihn von ganzem Herzen unterstützt. Als er allerdings den Wodka für das Volk verbot, da habe ich mir gesagt: Jetzt hat er die Verbindung zum Volk verloren. Das wäre so, als würde bei uns das Bier von einem Politiker verboten, der danach vom Volk gewählt werden will.

Wer Russland kennt, weiß, dass dieses Volk über Jahrhunderte unter einer Knute gelebt hat. Erst war es der Zar, dann waren es Stalin und seine Nachfolger – und das Volk musste sich immer ducken. Das russische Volk ist gut, aber es benötigt eine Führung. Zur damaligen Zeit waren die Russen nicht demokratiefähig.

War für Sie der Sozialismus reformfähig?.................
....

Den Sozialismus hielt ich nicht für reformfähig. Er hat sich in der DDR als starr und nicht flexibel erwiesen. Es gab die Partei-Doktrin vom »demokratischen Zentralismus«. Das Prinzip lautete von »oben« nach »unten« und von »unten« nach »oben«. Von »oben« nach »unten« hat immer wunderbar geklappt. Nur von »unten« nach »oben« hat überhaupt nicht geklappt. Absolut deutliche Beispiele für die Reformunfähigkeit waren für mich die Inaktivität der Bevölkerung, die Unterdrückung jeglicher anderer politischen Meinung, Repressalien gegenüber Christen, Ausreisewilligen und Andersdenkenden, der Verfall unserer Städte, die geringe Produktivität und die ständige Mangelwirtschaft. Wenn die Menschen ein Leben lang damit beschäftigt sind, sich ihren Lebensunterhalt zu »organisieren«, dann zeigt das: Ein System, das dem Einzelnen keine Freiheiten lässt, kann nicht überlebensfähig sein. Denn bestimmte Freiheitsgrade sind nötig. Der Einzelne muss sich entfalten können, er muss seine Fähigkeiten spüren und seine Fertigkeiten vollenden können. Der Einzelne muss einfach individuell sein können. Das war in dem DDR-System nicht möglich. Ich glaube, kein System ist überlebensfähig, das dem Einzelnen überhaupt keine Freiheitsgrade gibt. Kurzum: Ich gehörte nicht zu den Bürgerrechtlern, die dachten, sie könnten den Sozialismus reformieren.

In der DDR war der Alltag politisch. Deshalb suchten sich viele Menschen unpolitische Nischen. Im Jahr 1989 änderte sich das. Wann verließen Sie Ihre Nische? Wann wurden Sie von der Revolution erfasst? ....
....
Ich habe zusammen mit meiner Familie die Nische im September 1989 verlassen, als die Botschaften geöffnet wurden, die Massenflucht begann und die Demonstrationen in der DDR anfingen. Ich war in Ilmenau von der ersten Demonstration an dabei. Ich war von der Kraft beeindruckt, die die Demonstrationen nach und nach entfalteten: Immer mehr Menschen kamen. Wir befanden uns in einer kolossalen Umbruchsstimmung. Aber ich spürte auch immer wieder: Die alten Kräfte sind noch da. Damals wohnte ich in

der Ilmenauer Innenstadt am sogenannten Bermuda-Dreieck von Stasi-Kreisdienststelle, Wehrkreiskommando und SED-Parteileitung. Nach einer Demonstration kam ich mit meiner Tochter von der Kirche nach Hause. Wir mussten an diesen Häusern vorbei. In der Stasi-Kreisdienststelle, vor der zuvor die Demonstranten brennende Kerzen aufgestellt hatten, waren die Räume abgedunkelt. Aber wir sahen, dass im Wehrkreiskommando noch Licht brannte und aufgeregt diskutiert wurde. Meine achtjährige Tochter fragte mich: »Was beraten die denn jetzt noch?« – Ich konnte darauf nur antworten: »Vielleicht das Unvorhergesehene für uns.« In diesem Moment habe ich gespürt, dass die alten Strukturen noch alle da waren. Sie waren nur versichert, hätten aber jede Minute noch zuschlagen können. Unsere Angst blieb.Seit dem Beginn der Sommerferien 1989 flohen Tausende DDR-Bürger in den Westen. Was ging in Ihnen vor, als Sie die TV-Bilder von der Massenflucht sahen?

Seit dem Beginn der Sommerferien 1989 flohen Tausende DDR-Bürger in den Westen. Was ging in Ihnen vor, als Sie die TV-Bilder von der Massenflucht sahen?.......................

....

Mit diesen Bildern verbinde ich eine längere Geschichte, da ich sie erst relativ spät wahrnehmen konnte. Ich war mit meiner Familie, meinem Mann und unseren drei Kindern, im Juli 1989 zum Urlaub nach Nowosibirsk aufgebrochen. Dort hatte ich ein Zusatzstudium absolviert und seither immer enge wissenschaftliche und menschliche Beziehungen nach Sibirien. Damals hatte uns eine Familie eingeladen. Am 11. Juli 1989 fuhren wir mit dem Zug von Berlin nach Moskau. Anschließend sollte es mit dem Flugzeug nach Nowosibirsk weitergehen. In unserem Gepäck hatten wir viele Dinge, die in Russland gebraucht wurden: unter anderem einen Warmwasserboiler, die Pille, Kleidung, Wurst und Alkoholika. In Moskau war der Nahverkehr zusammengebrochen und wir kamen nur mit Mühe per Anhalter zum Flughafen. Hier mussten wir unsere reservierten Tickets in einer stundenlangen Warterei, die schließlich in einer Schlägerei endete, erkämpfen. Wir spürten: In Russland gibt es weder Ordnung noch Sicherheit, was uns unser russischer Freund bestätigte. Durch die Fürsorge unserer russischen Freunde hatten wir 14 Tage einen sehr schönen Urlaub in Nowosibirsk, dann sollte es weiter zum Baikal gehen.

Doch dorthin konnten wir nicht: Im Donezk-Becken streikten die Bergarbeiter und es gab kein Benzin mehr. Wir konnten nicht fliegen und mussten deshalb noch zwei Wochen in Nowosibirsk bleiben. Aber auf diese zwei zusätzlichen Wochen waren unsere russischen Freunde nicht vorbereitet. Wir haben deshalb jeden Tag angestanden. Wir haben jeden Tag versucht, Brot und Nahrungsmittel zu bekommen. Wir sind von einem Geschäft zum anderen gegangen, um über diese 14 Tage zu kommen. Denn zeitiger hätten wir nicht zurückfliegen können. Nachdem wir das erlebt hatten, war für uns klar: Bisher war es immer so, dass das, was in der Sowjetunion war, in ein, zwei Jahren auch in die DDR gekommen ist. Aber wenn das, was wir erlebt hatten, unsere Zukunft sein sollte, dann gnade uns Gott. Denn es gab weder Ordnung noch Versorgung. In dieser Zeit waren wir auch von Informationen aus Deutschland völlig abgeschnitten. Wir wussten nicht, wie sich gerade die Lage in der DDR zuspitzte. Als wir wieder in Berlin landeten, wurde gerade die ungarisch-österreichische Grenze geöffnet. Wir konnten das zunächst gar nicht richtig registrieren, denn wir waren noch völlig von unserem Urlaub benommen. Wir hatten die Nase voll von Russland. Und als wir die Fernsehbilder richtig wahrnahmen, sahen wir, dass die Ersten, die über die Grenze nach Österreich kamen, Bekannte von uns waren. Das bewegt mich noch heute. Wir haben uns dann lange überlegt: Wie verhalten wir uns? Was machen wir? Wir hatten bereits lange vor der Fluchtwelle für unsere Tochter eine Ungarnreise beantragt. Sie hat eine ungarische Patentante und wollte dort drei Wochen Urlaub verbringen. Die Reise wurde dann nicht mehr genehmigt. Da war uns klar, dass sich entweder die DDR absolut zuzieht oder dass es einen Sog geben wird. Deshalb habe ich mir gesagt: abwarten.

Warum sind Sie in der DDR geblieben?

Im Spätsommer 1989 habe ich mir gesagt: So wie es jetzt ist, kann es nicht bleiben. Als realistisch denkender Mensch habe ich das sofort gespürt. Mir war klar: Entweder gibt es in der DDR einen »Platz des Himmlischen Friedens« oder es gibt eine Änderung.

Mit unseren drei Kindern, die damals 13 und 9 Jahre alt waren, hatten wir uns bisher nie auf eine Flucht eingelassen, weil dabei Lebensgefahr bestand und Gefängnis drohte. Warum sollten wir es am Ende der DDR tun?

Was ging Ihnen durch den Kopf, als Sie die Bilder von Hans-Dietrich Genscher auf dem Prager Balkon sahen? Was bedeutete damals für Sie dieser Schrei der Menschen?

Ich war tief bewegt und erleichtert. Das war ein hoffnungsvolles Signal für uns »Dagebliebene«.

Ende September gab es die ersten größeren Demonstrationen in der DDR. Wie haben Sie damals diese ersten Zeichen des Aufbruchs erlebt?

Für mich waren die ersten Demonstrationen eine Befreiung. Denn bis dahin schwebte etwas und man wusste nicht so recht, wie man es fassen konnte. Die Demonstrationen waren ein Ventil und gaben eine Richtung. Ich erinnere mich an die Plakate, die damals getragen wurden: Sie haben deutlich gezeigt, wo der wunde Punkt war und was uns alle gestört hat. Diese Zeit war für mich die bewegendste. Denn alle Menschen waren von diesem Aufbruch erfasst, egal, ob sie Arbeiter im Glaswerk oder an der Universität angestellt waren. Allerdings waren die Studenten unterschiedlich revolutionär. Es gab viele, die Angst hatten, bei Beteiligung an den Demonstrationen und Diskussionen, vom Studium ausgeschlossen zu werden. Aber einige haben sich aktiv beteiligt und waren später sehr hilfreich bei der demokratischen Erneuerung der Universität. Die Demonstrationen und die Diskussionsveranstaltungen sind in unserer Stadt hauptsächlich von den Älteren vorangetrieben worden, die nach 40 Jahren die Zustände einfach nicht mehr ertragen konnten. Sie haben ihrem Unmut Luft gemacht.

Im September wurde das Neue Forum gegründet. Der Name »Neues Forum« wurde bald zu einem Markenzeichen für Reformwillige. Wie standen Sie zum Neuen Forum bzw. zu den anderen neuen Oppositionsgruppen?..........................
..
Zunächst haben mein Mann und ich für das Neue Forum unterschrieben und die Veranstaltungen unterstützt. Ich war dann Mitglied des Runden Tisches der Universität und aktiv beteiligt an den Aktionen zur Einsicht in die Kaderakten, später an der demokratischen Umgestaltung der Universität und den damit verbundenen Wahlen und Evaluationen.

Mein Mann trat in den Demokratischen Aufbruch ein. Ich habe ihn dabei unterstützt. Das war Familienangelegenheit. Wir beide haben in dieser Zeit die Bewegung sehr intensiv unterstützt. Als dann die ersten freien Wahlen anstanden, haben wir gemeinsam Plakate geklebt. Wir beide waren im Frühjahr 1990 zutiefst enttäuscht, als gegen den Vorsitzenden des Demokratischen Aufbruchs, Wolfgang Schnur, Stasi-Vorwürfe erhoben wurden. Mein Mann wollte es zunächst nicht glauben. Ich habe gesagt: »Man muss sich eben mit Realitäten abfinden, auch wenn wir sie nicht wahrhaben wollen.«

Denn wir haben erst allmählich gemerkt, dass die Stasi viel tiefer in der Gesellschaft verwoben war, als wir jemals geglaubt haben.

Gab es für Sie im Jahr 1989 einen Punkt, an dem Sie für sich eine unwiderrufliche Entscheidung zu treffen hatten, die Sie sich reiflich überlegen mussten? – Wenn ja: Welche Entscheidung mussten Sie treffen? Welche Faktoren waren ausschlaggebend?........
....

Bevor ich zur ersten Demonstration gegangen bin, habe ich mir das sehr reiflich überlegt. Natürlich gab es auf der einen Seite die absolute Unzufriedenheit mit dem System. Aber auf der anderen Seite habe ich an der Technischen Hochschule gearbeitet. Im Normalfall wäre ein solches Engagement riskant gewesen. Bereits 1968 hatte ich dort erlebt, was offene Worte bedeuten können. Damals war ich Assistentin an der Technischen Hochschule und regte mich wahnsinnig über den sowjetischen Einmarsch in Prag auf. Ein älterer Kollege sagte damals zu mir: »Jetzt sind Sie ruhig. Sie reden sich ja um Kopf und Kragen!« Zwischen 1968 und 1989 war immer eine Zeit der Repression. Es war immer eine Zeit der Anpassung und des Ruhiggestelltseins. Und man hat sich immer sehr genau überlegt, wann man etwas gesagt hat, wo man etwas gesagt hat und wie man es gesagt hat. Und deshalb finde ich es umso bewundernswerter, dass bei den Demonstrationen im Jahr 1989 die Menschen die Stimmen erhoben haben. Natürlich waren nicht alle Redner, die in diesen Wochen aufgetreten sind, unsere Stimmen, aber unsere Stimmen wurden als Chor gehört.

Bei meiner Entscheidung hat auch ein Ereignis am 7. Oktober eine große Rolle gespielt: An diesem Tag der Republik hing ein Unheil in der Luft. In Ilmenau wurde an diesem Tag eine Disko veranstaltet. Die Kinder unserer Bekannten wollten dorthin. Wir haben gesagt: »Geht nicht hin! Wer weiß, was ist!« Sie sind aber doch hingegangen. Diese Disko endete in einer Demonstration für

Gorbatschow und die Freiheit. Die Kampfgruppen wurden eingesetzt und schlugen die Jugendlichen zusammen. In der Technischen Hochschule wurde ein Notlazarett eingerichtet, um die Verletzten zu versorgen. Die Ärzte wurden anschließend zur Verschwiegenheit verpflichtet. Darüber ist kaum etwas nach außen gedrungen. Wir haben es erfahren, weil wir dort gearbeitet haben. Ab dieser Nacht hat sich abgezeichnet, dass es in der DDR eine Änderung geben muss – wie auch immer.

Letztendlich: Mir hat es einfach gereicht. Die Demonstrationen waren für mich die Möglichkeit, meinem Unmut und meiner Unzufriedenheit freien Lauf zu lassen.

Im Herbst 1989 hatte ich übrigens Gäste aus Russland und Ungarn. Die Ungarin, mein Patenkind, war in Berlin an der Universität. Sie war von den dortigen Demonstrationen erfasst worden. Sie hatte die Schlägereien gesehen und Berlin fluchtartig verlassen. Denn so friedlich war die Revolution doch nicht. Die Ungarin ließ sich deshalb überhaupt nicht bewegen, uns in Ilmenau bei einer Demonstration zu begleiten. Ich wollte auch meine russischen Freunde mit zur Demonstration nehmen. Nur einer ist mitgegangen. Als er mit mir von der Kirche nach Hause kam, fragte er mich: »Was wollt ihr eigentlich? Du hast drei Kinder, du hast ein Haus, du hast einen Beruf, wir sind bei dir zu Gast, ihr habt ein intaktes Leben, ihr müsst nicht ums Überleben kämpfen. Euch geht es phantastisch! Warum macht ihr eine Revolution?« Und ich habe ihm geantwortet: »Weil wir diesen Druck nicht aushalten, weil uns die Unkreativität des Systems, die Bespitzelung, die Unproduktivität und das Eingesperrtsein an den Rand der Existenz treiben.« Wir wollen geistige Freiheit! Er hat es nicht verstanden. Er hat es bis heute nicht verstanden. Das müssen wir auch bedenken, wenn wir über diese Zeit sprechen. Als dann die Mauer geöffnet wurde, hatte mein russischer Gast auch dafür kein Verständnis. Ich hatte ihn mit in die Bundesrepublik genommen und gesagt: »Die kontrollieren sowieso nicht die Ausweise.« Er hatte mehr Angst als Vaterlandsliebe. Er dachte, die Welt geht unter. Für meine Gäste aus Nowosibirsk war unser Vorgehen völlig unverständlich. Sie hatten ihren Gorbatschow nicht verstanden, sie hatten ihr System nicht mehr verstanden. Sie hatten nur festgestellt: Bei ihnen ist alles destabilisiert. Es ist nichts mehr in Ordnung – und die DDR-Bürger wollen so etwas. Das war für sie unbegreiflich.

Gab es für Sie im Herbst 1989 einen Moment der Angst? Vor was haben Sie sich gefürchtet? Wie haben Sie reagiert?

Die größte Angst hatte ich am 9. Oktober, als die große Demonstration in Leipzig war. Die Kinder von Bekannten, die damals bei der Armee waren, erzählten uns, dass sie einen Schießbefehl und klare Anweisungen hätten. Wir haben ihnen gesagt: Auf keinen Fall schießen! Egal was ist oder hinterher passiert – nur nicht schießen! Doch wir wussten, dass nicht alle Soldaten so denken. Deshalb hatte ich an diesem Tag die allergrößte Angst. Denn hätte jemand den Schießbefehl gegeben, hätten wir ein Massaker wie am »Platz des Himmlischen Friedens« gehabt. Gott sei Dank ist dieser Befehl nicht gegeben worden. Doch die Angst von damals spüre ich noch heute.

Welche glücklichen Momente verbinden Sie mit dem Herbst 1989?

Die glücklichsten Momente im Herbst 1989 verbinde ich mit der Öffnung der Mauer. Die unmittelbare Öffnung habe ich allerdings verschlafen. Wir hatten, wie schon berichtet, in dieser Zeit Gäste aus Russland und Ungarn im Haus. Ich musste jeden Abend für 10 Personen kochen. Außerdem war ich voll berufstätig. Ich war also jeden Abend hundemüde. In der Nacht der Maueröffnung riefen Bekannte aus der Bundesrepublik an und fragten uns, ob wir nicht bemerkt hätten, dass die Mauer geöffnet wurde. Erst in diesem Moment schalteten wir den Fernseher ein. Die Bilder hielten wir nicht für möglich.

Wir haben bis zum Morgen bei einer Flasche Sekt die Nachrichten aufgesaugt und sind dann früh 7.00 Uhr zur Volkspolizeidienststelle gegangen, um den Stempel für die Ausreise zu bekommen.

Vor der Polizeidienststelle stand ein riesiger Pulk von Menschen. Aber zunächst blieb das Amt geschlossen. Als dann doch geöffnet wurde, waren wir mit bei den Ersten, die hineingegangen sind. Bei den Polizisten herrschte zunächst völlige Hilflosigkeit. Dann begannen sie allmählich, Visa für Besuchsreisen auszustellen. Gegen 10 Uhr waren wir dann wieder zu Hause. Dort haben wir unseren Gästen erklärt, was in der Nacht passiert ist. Die Russen konnten das gar nicht nachvollziehen. Anschließend sind unsere Kinder in die Schule und ich bin mit meinem Mann zur Arbeit gegangen. Dort haben wir gesagt, dass wir am nächsten Tag »in den Westen« fahren wollten. Zu meinem größten Erstaunen hatten sich alle Genossen diesem Gedanken schon angeschlossen und warteten ungeduldig auf ihre Begegnung mit dem Klassenfeind. Sie waren alle erfreut, in den Westen fahren zu können.

Welche Rolle haben aus Ihrer Sicht die Kirche und der Glaube im Herbst 1989 gespielt? . . . .
. . . .

Die Kirchen haben eine ganz hervorragende Rolle gespielt. Sie boten den Raum, in dem wir uns treffen konnten, in dem wir andere Gedanken äußern konnten. Ich muss allerdings sagen, dass es bei uns in Ilmenau im Herbst 1989 auch eine große Diskussion in der Festhalle gab. Dort wurde die SED-Kreisleitung befragt. Aber dort waren ebenfalls die Pfarrer ihr Widerpart und Moderator zugleich. Sie waren ausgleichend im Dialog.

Nach meiner Meinung waren die Kirchen in dieser Zeit von hervorragender Bedeutung mit ihrer Unterstützung. Sie waren unser

Zufluchtsort, eine wirkliche Herberge für die Bedrängten, ein durch Gott geschaffener Freiraum.

In dieser Zeit haben die Kirchen eine riesige Unterstützung gegeben. Sie waren der Zufluchtsort. Eine ähnliche Funktion hatten sie auch nach dem Massaker am Erfurter Gutenberg-Gymnasium. Da habe ich es erneut erlebt, wie die Menschen in die Kirchen gekommen sind, weil sie mit dem Alltagsgeschehen nicht fertig wurden. Dann vertrauen sie auf die höhere Macht.

Auch der Glaube hat im Herbst 1989 eine große Rolle gespielt. Es ist eigentlich das eingetreten, was die SED immer befürchtet hat: dass der Glaube eben doch eine Kraft ist. Deshalb hat sie ihn auch bis zum Gehtnichtmehr unterdrückt. Dass aber aus dem Unterdrückten noch so viel Kraft kommen würde, das hat sie auch in ihren schwärzesten Plänen nicht gesehen.

Warum blieb die Revolution friedlich?................... ....

Weil es am 9. Oktober 1989 in Leipzig den Schießbefehl nicht gab. Aber es lag auch daran, dass die SED-Führung die Unterstützung der Sowjetunion nicht mehr hatte. Vorher hatte sie immer das gemacht, was die Sowjetunion vorgegeben hatte. Jetzt hatte sie aus Moskau freie Hand bekommen. Aber was hilft eine freie harte Hand, wenn es hinterher keine Verbesserung gibt?

Außerdem darf das Gutachten der Staatlichen Plankommission als Grund nicht vergessen werden. Im Oktober hatte Gerhard Schürer dieses Gutachten an Egon Krenz geschickt. In dem Papier wurde der absolute Bankrott der DDR erklärt. Das Papier hat das belegt, was wir immer nur vermutet, aber doch nicht für möglich gehalten hatten. Soviel ich weiß, ist Egon Krenz mit dem Papier nach Moskau geflogen und hat von Gorbatschow Geld für die DDR gefordert. Dies lehnte Gorbatschow ab mit der Begründung, dass die Sowjetunion auch kein Geld mehr hätte. Dann hat Krenz mit Kohl Kontakt aufgenommen. Der war aber nur bereit, Geld zu zahlen, wenn es Zugeständnisse der SED-Führung gibt. Und daraufhin ist die Mauer geöffnet worden. Dass es allerdings so kollabierte, zeigt mir, dass die Führung selbst nicht überzeugt war. Das ist für mich immer wieder das Frappierende an der Angelegenheit, dass hinterher alle erklären: Das war doch klar, wir wussten doch, dass da alles nicht stimmt und nicht in Ordnung ist. Aber diese mangelnde Kenntnis vom eigenen Land, die auch Gorbatschow hatte, hat letztendlich dazu geführt, dass alles zusammengebrochen ist.

Die Revolution konnte erst dann friedlich verlaufen, als der völlige Bankrott der DDR bestätigt war. Denn am 7. Oktober 1989 hatte es noch ganz anders ausgesehen: Da gab es das riesige Polizeiaufgebot rings um den Palast der Republik. Ich denke auch an das Kampfgruppenaufgebot in meiner Heimatstadt Ilmenau. Es gab im Herbst 1989 viele Dinge, die nicht so friedlich waren.

20 Jahre sind seit der Revolution vergangen. Was ist vom Aufbruch 1989 geblieben?

Für mich ist nach wie vor sehr viel vom Herbst 1989 geblieben. Ich freue mich jeden Tag, wie unsere Städte jetzt aussehen. Ich erinnere mich an die heruntergekommenen Häuser im Erfurter Andreasviertel im Jahr 1989. Damals habe ich immer gesagt: Wir brauchen keinen Dritten Weltkrieg, bei uns ist schon alles zerstört. »Ruinen schaffen – ohne Waffen«, haben wir damals gesagt. Seit 1989 hat sich die gesamte Infrastruktur geändert. Wir haben überall neue »Hardware« eingezogen: in der Infrastruktur, in den Innenstädten, in der Luft, bei der Telekommunikation, in der Wirtschaftsstruktur sowie bei der Wasser- und Abwasserversorgung. Wir haben dabei allerdings versäumt, die Gefühle der Menschen mitzunehmen. Wir haben sehr viel Geld aus den alten Bundesländern bekommen und haben damit sehr viel erreicht. Aber wir hätten vielleicht noch mehr erreicht, wenn wir die Bevölkerung etwas mehr in den Aufbau mit einbezogen hätten. Dieses Nichteinbezogensein hat dazu geführt, dass es eine gewisse Abwehrhaltung gegenüber dem Neuen gibt und sich einige Menschen nach der alten Zeit zurücksehnen. Aber sie sehnen sich nicht nach der alten »Hardware« zurück, sondern nur nach dem Kuscheligsein in den Betrieben. Doch das war keine Gesellschaftsordnung, sondern das war eine Notgemeinschaft. Wenn mir jemand heute sagt, früher habe es einen engeren Zusammenhalt gegeben, dann sage ich: Du hättest den Zusammenhalt beibehalten können. Ich habe meinen alten Freundeskreis beibehalten und erweitert. In unserer Familie haben wir nach wie vor Zusammenhalt. Wem der enge Zusammenhalt wirklich ein inneres Anliegen ist, dann kann man ihn unter den neuen Bedingen viel besser beibehalten. Aber eine Notgemeinschaft – hilfst du mir, helf ich dir – zerbricht natürlich, weil die Hilfe nicht mehr notwendig ist.

Für mich ist die tägliche Freude geblieben, dass ich lesen kann was ich will, dass ich frei diskutieren kann, dass ich sehen kann was ich will und dass ich frei reisen kann. Keine Grenze schränkt mich ein, außer meinem eigenen Gewissen und mein Verantwortungsgefühl den Nächsten und der Gesellschaft gegenüber.

Selbstverständlich sind mir, wie auch früher, Grenzen durch meine geldlichen Mittel gesetzt, die ich einteilen muss und an denen ich Bedürftige teilhaben lassen kann.

Aber das Wesentliche ist, das Leben kann von mir selbst gestaltet werden und ist nicht durch dilettantische Kräfte fremdbestimmt. Ich kann die Freiheit des Christenmenschen leben. Dafür bin ich dankbar!

Diese Dankbarkeit und Freude versuche ich in meiner täglichen Arbeit zu vermitteln.

Werner Leich (geb. 1927 in Mühlhausen/Thüringen, evangelisch, verheiratet, drei Kinder). Er besuchte das Gymnasium in Schulpforta sowie das Ernestinum in Gotha und studierte Theologie in Marburg und Heidelberg. Während des Studiums arbeitete er unter Tage im Kohlebergbau in Gelsenkirchen. 1951 trat er als Vikar in Angelroda bei Arnstadt seinen Dienst in der Evangelisch-Lutherischen Kirche in Thüringen an. Es folgte der Pfarrdienst von 1954–1968 in Wurzbach im Frankenwald und von 1968–1978 in Lobenstein, verbunden mit dem Amt des Superintendenten. 1978 wurde Leich zum Landesbischof von Thüringen gewählt. Er gehörte dem Nationalkomitee des Lutherischen Weltbundes zeitweise als Vorsitzender an, war kurze Zeit amtierender Leitender Bischof der VELK in der DDR und von 1986–1990 Vorsitzender des Bischofskonvents und der Konferenz der Evangelischen Kirchenleitungen in der DDR. In dieser Zeit gehörte er auch dem Exekutivkomitee des Lutherischen Weltbundes an. Ihm wurden die Ehrendoktorwürden der Friedrich-Schiller-Universität in Jena, der Wittenberg-University in Springfield/Ohio und der Akademie der Evangelischen Kirche Augsburgischen Bekenntnisses in Ungarn verliehen. Als erster Deutscher erhielt er die Franklin D. Roosevelt Four Freedoms Medal.

Von 1951-1989 stand Werner Leich unter der operativen Personenkontrolle des Ministeriums für Staatssicherheit der DDR, das 14 Mitarbeiter auf ihn angesetzt hatte. Seine Autobiographie »Wechselnde Horizonte« erschien in zwei Auflagen beim Brockhaus-Verlag in Wuppertal. Eine dritte Auflage »Du aber bleibst im Wechsel der Horizonte« gab 2002 der Wartburg-Verlag Weimar heraus. Dort erschien auch im Jahr 2001 die viel empfohlene Pastoraltheologie »Gesandt zum Dienst«.

Wann haben Sie im Jahr 1989 zum ersten Mal gespürt, dass sich in der DDR etwas ändert? Wie haben Sie darauf reagiert? ....
....

Ich habe eigentlich schon vor 1989 gespürt, dass sich in der DDR etwas ändert. Als Gorbatschow 1987 das Buch »Perestroika« veröffentlichte, da habe ich zu meiner Familie gesagt: Wir werden noch die Wiedervereinigung erleben. Denn in dem Buch wurde deutlich, dass das Interesse der Sowjetunion an der Bundesrepublik wesentlich größer war als an der DDR. Das wurde schon durch die Seitenzahlen belegt. Meine Familie hat mich damals für verrückt erklärt. Gorbatschows Buch war für mich ein Zeichen, dass sich etwas ändert. Es war eine Bestätigung für mich.

Ich war damals Vorsitzender der Konferenz der evangelischen Kirchenleitungen. In dieser Rolle habe ich immer wieder mit Funktionären des Staates gesprochen, auch mit Erich Honecker. 1988 habe ich ihm ganz eindeutig und klar gesagt, welche Missstände in der DDR herrschen und wie unzufrieden die Bürger mit ihrem Staat sind.

1989 hatte eine lange Vorlaufzeit. Wir hatten in der Kirche seit 1978 die Friedensgebete. Zunächst kamen, nach der Helsinki-Entschließung von 1975, die Bürgerrechtsgruppen. Später kamen die Umweltgruppen, die mit der Umweltpolitik der DDR nicht zufrieden waren. Und zuletzt wurden die Friedensgebete von den Ausreisewilligen überschwemmt. In diesen Friedensgebeten ging es immer sehr offen zu, mit sehr viel Kritik an den Zuständen in der DDR. Und da wurde schon sichtbar, dass sich etwas bewegt und dass es nicht so bleiben wird, wie es ist.

Wie haben Sie die Kommunalwahlen im Mai 1989 erlebt? ....
....

Ich selbst bin im Mai 1989, wie stets bei Wahlen, in die Kabine gegangen und habe eine Gegenstimme abgegeben. Aber das wurde dann bei der Auszählung überhaupt nicht registriert.

Wir als Kirche haben 1989 die Wahlen beobachtet. Schwerpunkt in Thüringen war Jena. Dort gab es Gruppen, die zu den öffentlichen Auszählungen der Stimmen gegangen sind. Die DDR hat immer den Anschein erweckt, dass sie wirklich demokratische Wahlen durchführt. Es gab deshalb auch eine öffentliche Auszählung. Die Bürgerrechtsgruppen haben bei der Auszählung Strichlisten geführt. Und selbst bei dem Wahlsystem der DDR war es noch so, dass die Aufzeichnungen der Bürgerrechtsgruppen mit der offiziellen Angabe des Wahlergebnisses nicht übereinstimmten. Uns war klar, dass es nur Scheinwahlen waren. Im Grunde genommen ging es nicht darum festzustellen, wie der Bürger auf den Staat reagiert, sondern es waren Prüfungsfragen an den Bürger, wie er sich zum Staat stellt. Wir haben dann im Herbst 1989 in einem Gespräch mit dem neuen Staatsratsvorsitzenden Egon Krenz ganz deutlich ausgesprochen, dass die Wahlen gefälscht wurden. Krenz war im Mai oberster Wahlleiter und für alles verantwortlich. Er hat damals alles abgestritten und wusste von nichts. Aber wir hatten ganz klare Unterlagen. Und obwohl es keine geheime Wahl war, waren die Ergebnisse zum Besseren gefälscht.

Das Wort »Reform« hatte seit Mitte der 80er-Jahre durch Gorbatschow einen neuen Klang bekommen. Welche Bedeutung hatte für Sie dieses Wort? . . . .
. . . .
Zu Fragen der Reformen haben wir als Kirche öffentlich Stellung bezogen. Die Synode des Bundes der Evangelischen Kirchen hatte im März 1989 ein Statement verabschiedet, in dem gesagt wurde, was wir an Veränderungen von der DDR erwarten. Die drei Hauptpunkte waren: erstens, freie Wahlen mit der Möglichkeit, dass sich mehrere Parteien gleichberechtigt um die Stimmen der Bürger bewerben, zweitens, dass die Bürgerrechte in Kraft gesetzt werden. Jeder Bürger sollte entscheiden können, wo er leben will und wie er leben will. Und der dritte Punkt war das Ärgerlichste für die DDR: Wir wollten, dass

auch die bundesdeutsche Presse in der DDR gelesen werden konnte. Diese drei Punkte beschrieben die wichtigsten Reformen.

War für Sie der Sozialismus reformfähig?..................
....

Ich habe an die Reformfähigkeit des Sozialismus geglaubt. Grund war für mich die weltpolitische Lage. Wir lebten damals in dem Spannungsverhältnis von zwei Großmächten. Uns war deutlich, vielleicht auch ein wenig aus Kleinglauben, dass eine grundlegende Veränderung der DDR, etwa das Herausbrechen der DDR aus dem östlichen und die Eingliederung in das westliche Bündnis, einen Dritten Weltkrieg provoziert. Denn die Großmächte standen sich hochgerüstet gegenüber. Und in dem Zusammenhang hatten wir natürlich das Wunschbild eines reformfähigen Sozialismus. Ich habe das auch einmal ausgesprochen. Das ist dann durch die westliche Presse gegangen, und Erich Honecker hat das ganz scharf kritisiert. Ein Sozialismus mit menschlichem Angesicht: Das bedeutete, dass mehr auf die Bürger eingegangen werden sollte. Dass die Bürgerrechte im Sozialismus zum Tragen kommen. Bischof Albrecht Schönherr hat das einmal klassisch formuliert: Eine Gesellschaft ist so gut, wie sich der Bürger in der Gesellschaft fühlt.

Mit dem Zusammenbruch des Sozialismus und all den Erscheinungen, die wir damals noch gar nicht wahrnehmen konnten, wurde mir klar, dass er nicht reformfähig war. Aber der Mensch lebt auch immer irgendwie mit festgelegten Wunschbildern. Die damalige Situation war für uns nun einmal so, dass für uns eigentlich nur eine Möglichkeit der Besserung in Aussicht stand: nämlich ein anderer Sozialismus. Als dann deutlich wurde, wie sich die Oberen Verhalten haben, als die brutale Art des Staatssicherheitsdienstes öffentlich wurde, war mir klar: Das war kein Sozialismus, sondern ein diktatorisches System unter dem Aushängeschild des Sozialismus.

In der DDR war der Alltag politisch. Deshalb suchten sich viele Menschen unpolitische Nischen. Im Jahr 1989 änderte sich das. Wann verließen Sie Ihre Nische? Wann wurden Sie von der Revolution erfasst?

Die Frage trifft auf mich nicht zu, denn die große Nische war die Kirche – gerade für die bedrängten Menschen. Ich habe dafür gesorgt, dass die Nische für viele offen war. Also – ich brauchte die Nische nicht zu verlassen.

Seit dem Beginn der Sommerferien 1989 flohen Tausende DDR-Bürger in den Westen. Was ging in Ihnen vor, als Sie die TV-Bilder von der Massenflucht sahen?

Das hat bei mir immer zwiespältige Gefühle ausgelöst. Denn unter den vielen, die aus der DDR flohen, waren Menschen, die wir hier in der DDR ganz dringend brauchten: zum Beispiel Ärzte oder Juristen, die versucht haben, unrechtmäßig Angeklagte zu verteidigen. Uns fehlten durch die Flucht auch Leute, die bereit waren, eine stille Opposition mitzutragen. Wir haben als Kirche die Menschen mehrmals gebeten zu überlegen, ob sie doch in der DDR bleiben und mit dafür sorgen, dass die Verhältnisse hier anders werden.

Das positive Signal aber war: Die Massenflucht war einfach eine Abstimmung mit den Füßen. Das war uns allen deutlich. Dieser ungeheure Drang nach dem Westen war das beste Zeichen dafür, dass die Menschen mit der DDR unzufrieden waren und dass die DDR auch nicht mehr in der Lage war, die Menschen zu halten.

Warum sind Sie in der DDR geblieben?

Ich bin in der DDR geblieben, weil ich meiner Kirche und meinem Gott das Gelöbnis gegeben hatte, hier in der Kirche zu dienen. Ich bin aus der Bundesrepublik in die DDR zurückgekommen. Zuvor hatte ich in Marburg und Heidelberg studiert. Nach dem Examen bin ich, weil ich mich verpflichtet hatte, in der Thüringer Kirche als Pfarrer zu arbeiten, zurückgekommen. Das war für mich ganz klar: Die Kirche hatte hier eine ganz entscheidende Aufgabe. Deshalb war ich hier gefragt und gefordert. Ich habe deshalb nie daran gedacht, die DDR zu verlassen.

Was ging Ihnen durch den Kopf, als Sie die Bilder von Hans-Dietrich Genscher auf dem Prager Balkon sahen? Was bedeutete damals für Sie dieser Schrei der Menschen? . . . .
. . . .
Zunächst habe ich mich darüber gefreut, dass sich die Bundesrepublik für die Flüchtlinge derart stark gemacht hat. Die ganze Situation, dieses eskalierende Weggehen aus der DDR, war uns nichts Neues. Neu war, dass sich die Bundesrepublik nun tatkräftig eingesetzt hatte und dass die Menschen in geschlossenen Sonderzügen durch die DDR in den Westen fahren konnten.

Die Rede von Genscher und der Schrei der Menschen – das war uns eigentlich nicht furchtbar neu. Sie haben Freude ausgelöst. Den Schrei haben wir in unterdrückter Form schon über Jahre gehört.

Ende September gab es die ersten größeren Demonstrationen in der DDR. Wie haben Sie damals diese ersten Zeichen des Aufbruchs erlebt? . . . .
. . . .
Wir hatten diese Demonstrationen auch in Thüringen. Natürlich war in Leipzig der Schwerpunkt. Leipzig hatte das ganz besondere Flair der Messestadt. Während der DDR-Zeit wurde in Leipzig während der Messe immer versucht, eine gewisse internationale Stimmung in der Stadt zu erzeugen. Dadurch war in dieser Zeit dort mehr möglich als in anderen Gebieten der DDR. Aber es war auch ganz wichtig, dass in Leipzig die Zeichen eindeutig gesetzt wurden. Doch auch in

Thüringen gab es in allen größeren Städten diese Demonstrationen. Ich habe sie in der Weise erlebt, dass ich mich für Menschen einsetzen musste, die wegen der Teilnahme an Demonstrationen bedroht wurden. Ich habe auch selbst an Demonstrationen teilgenommen. Es gingen ihnen immer die Friedensgebete voraus. Wir gaben den Menschen immer Regeln mit auf den Weg: Verzicht auf Gewalt, Zusammenhalt sowie eine eindeutige und klare Sprache über die Ziele. Wir gaben den Menschen auch immer einen Bibelspruch mit auf den Weg: Gott hat uns nicht gegeben den Geist der Furcht, sondern den Geist der Kraft und der Liebe und der Besonnenheit.

Für mich war das Entscheidende, dass die Menschen, die früher geschwiegen hatten, plötzlich redefähig wurden. Das war wie ein Aufbruch. Ich habe das einmal in einer kleinen Gemeinde erlebt, in Heldburg. Dort hatte ich eine Andacht gehalten. In der Mitte des Kirchenschiffes war ein Mikrophon aufgestellt und die Gemeindeglieder und Kirchenfremden hatten die Gelegenheit, sich zu äußern. Da haben sich 20 Menschen zu Wort gemeldet und eindeutig ihre Beschwernisse formuliert. Es war wie eine Befreiung, dass plötzlich die Menschen den Mut hatten zu sprechen und sich nicht mehr der Unterdrückung gebeugt haben.

Bei den Demonstrationen habe ich mich einerseits immer etwas für die Menschen verantwortlich gefühlt. Andererseits waren sie für mich ein Zeichen, dass sich etwas ändert und dass wir auch etwas für diese Änderung tun können.

Im September wurde das Neue Forum gegründet. Der Name »Neues Forum« wurde bald zu einem Markenzeichen für Reformwillige. Wie standen Sie zum Neuen Forum bzw. zu den anderen neuen Oppositionsgruppen? . . . .

Diese Oppositionsgruppen haben alle eine Vorgeschichte gehabt. Die sind nicht ganz plötzlich entstanden. Und die bedeutenden

Führerinnen und Führer dieser Gruppen sind uns schon vor dem Herbst in den Friedensgebeten und bei Aussprachen begegnet. In Thüringen lag der Schwerpunkt in Jena. Dort gab es die heftigste Opposition. Insofern war für mich die Gründung des Neuen Forums und der SDP eigentlich die Konsequenz einer Entwicklung, die sich schon lange angebahnt hatte. Ich habe mich natürlich darüber gefreut, weil das dann auch ein Forum war, in dem offen gesprochen wurde.

Ich habe als Kirchenmann immer die Meinung vertreten, dass wir als Kirche unabhängig bleiben müssen - nach beiden Seiten hin. Und wenn man Verantwortung für eine ganze Kirche trägt, ist man nicht nur für eine Gruppe da, sondern für alle Menschen, die zur Kirche gehören, und auch für die, die von der Kirche etwas für sich erwarten. Das wird heute oft falsch gesehen, so als ob die Kirche nichts weiter gewesen sei als nur Opposition. Wir haben in der Mehrzahl Gemeindeglieder gehabt, die in den sozialistischen Arbeitsprozessen standen, die Stärkung brauchten und die in ihrer Hoffnung bestärkt werden mussten, dass sich doch etwas ändern kann. Das waren ganz normale, schlichte Bürger, für die wir auch eintreten mussten. Insofern ist ein Bischof, eigentlich jeder Pfarrer, verpflichtet, daran zu denken, dass er für alle da sein muss und sich nicht einseitig festlegen kann.

Gab es für Sie im Jahr 1989 einen Punkt, an dem Sie für sich eine unwiderrufliche Entscheidung zu treffen hatten, die Sie sich reiflich überlegen mussten? - Wenn ja: Welche Entscheidung mussten Sie treffen? Welche Faktoren waren ausschlaggebend?........
...
Es gab für mich im Jahr 1989 keinen Grund zu einer neuen Entscheidung, weil wir auf dieses Ziel hingearbeitet haben. Mir war nur klar, dass wir uns Mühe geben müssen, damit die friedliche Revolution auch Gestalt gewinnt in einer neuen Art des Zusammenlebens der Bürger.

Gab es für Sie im Herbst 1989 einen Moment der Angst? Vor was haben Sie sich gefürchtet? Wie haben Sie reagiert? ....
....

Ich habe mich davor gefürchtet, dass letzten Endes doch Gewalt angewendet wird. Wir haben zum Beispiel in Arnstadt erlebt, wie bei einer kleinen Demonstration der Versuch gemacht wurde, sie gewaltsam aufzulösen. Die Menschen sind dann in die Bachkirche geflohen. Aber diejenigen, die verhaftet wurden – im Jargon der DDR hieß das »zugeführt« –, sind sehr schwer bedrängt worden. Sie mussten auch Qualen ausstehen. Davor habe ich Angst gehabt. Und im Nachhinein hat sich auch bestätigt: Die strategischen Maßnahmen, um die Demonstrationen in Leipzig aufzulösen, waren getroffen – bis hin zur Bereitstellung von Blutkonserven und Särgen. Dass das nicht geschehen ist, ist für mich nach wie vor ein Wunder. Man kann also verschiedene menschliche Zusammenhänge herstellen. Gorbatschow spielte in diesem Zusammenhang eine große Rolle. Aber dass die DDR kampflos aufgegeben hat, ist für mich ein Wunder und bleibt ein Wunder.

Welche glücklichen Momente verbinden Sie mit dem Herbst 1989?
....

Die glücklichen Momente bot der freie Übergang über die Grenze. Das Glücklichste aber war das Weihnachtsfest 1989. Ich habe damals in kleinen thüringischen Gemeinden Gottesdienste gehalten, weil die Pfarrer dort überlastet waren, da sie verschiedene Gottesdienste am Heiligabend halten mussten. Als wir in die westlichen Gebiete unserer Landeskirche fuhren, die alle an der Grenze lagen, kamen uns ganze Kolonnen von Autos entgegen. Die Menschen hupten und freuten sich. An den Kreuzungen in den kleinen Dörfern hatten die Einwohner Stände aufgebaut, haben Plätzchen und Glühwein angeboten. Das war so eine echte Volksstimmung: Wir sind wieder vereint. Das waren für mich die glücklichsten Momente.

Welche Rolle haben aus Ihrer Sicht die Kirche und der Glaube im Herbst 1989 gespielt?..

Der Glaube hat im Herbst 1989 eine sehr große Rolle gespielt. Die Kirche hatte sich seit Bestehen der DDR eindeutig festgelegt. Allerdings haben sich nicht alle daran gehalten. Aber den Menschen war bewusst, dass die Kirche der einzige unabhängige und auch zur Kritik fähige Ort in der DDR war. Und wenn wir nicht unsere alten Gemeindeglieder gehabt hätten, zum Teil alte Frauen, die die Gottesdienste aufrechterhalten haben, dann wäre wahrscheinlich die Möglichkeit, dass in den Jahren 1988/1989 die Friedensgebete plötzlich überfüllt waren, gar nicht gegeben gewesen. Die Kirche hat einen entscheidenden Anteil daran gehabt, dafür zu sorgen, dass sich die Menschen frei äußern, versammeln und auch untereinander verständigen konnten. In unseren Friedensgebeten hier in Eisenach haben die einzelnen politischen Gruppierungen immer die Chance gehabt, sich öffentlich auszusprechen, ihre Ziele zu formulieren und die Menschen zum Mitmachen aufzufordern.

Warum blieb die Revolution friedlich?...

Ich kann nur sagen: Ich sehe das als ein Wunder Gottes an. Es gab verschiedene Faktoren. Die Sowjetunion hatte ihre Beteiligung an einer gewaltsamen Unterdrückung versagt, das war deutlich. Die DDR-Spitzen waren sich offensichtlich schon nicht mehr einig. Honecker war alt und unberechenbar geworden. Es gab in der SED bereits Differenzen, die eine gewisse Unfähigkeit herstellten. Und dann war da wahrscheinlich auch die Furcht vor dem geballten Willen des Volkes. Und was nicht unwesentlich war: die Öffentlichkeitswirkung. Die SED-Größen haben in der DDR zähneknirschend hinnehmen müssen – ich habe mich darüber gefreut –, dass westliche Journalisten und Beobachter die Friedensgebete und auch

Demonstrationen verfolgt haben. Es wurde ständig im Fernsehen darüber berichtet. Die Außenwirkung hatte ganz bestimmt einen entscheidenden Anteil daran, dass sich die DDR – die SED und der Staatssicherheitsdienst – gescheut hat, Gewalt anzuwenden.

20 Jahre sind seit der Revolution vergangen. Was ist vom Aufbruch 1989 geblieben?

Für mich ist vom Aufbruch 1989 eine gewisse Rechtssicherheit geblieben. Es war immer das Beschwerlichste in der DDR, dass man sich nicht darauf verlassen konnte, vor Gericht Recht zu bekommen, sondern ideologisch gefärbte Urteile erwarten musste. Nicht geblieben ist für mich die Stimmung, die damals vorhanden war: »Wir sind ein Volk«, dass also das Gemeinwohl des Volkes über den Einzelinteressen der Menschen und der Parteien steht. Das war damals sehr ausgeprägt. Aber das hat sich dann leider schnell verflüchtigt, indem die Parteien mehr Stärke und auch mehr Einfluss gewonnen haben. Dann hat auch die Enttäuschung vieler Menschen um sich gegriffen, da sie nichts mehr verändern konnten. Damals, mit dem ursprünglichen Ruf »Wir sind das Volk« und später »Wir sind ein Volk«, war so eine Stimmung da: Wir können, wenn wir alle zusammenstehen, bestimmen, was in unserem Volk geschieht. Das ist heute leider nicht mehr so.

Bernd-Lutz Lange (geb. 1944 in Ebersbach/Sachsen, verheiratet, ein Sohn) wächst in Zwickau auf, arbeitet nach einer Gärtnerlehre zunächst in einer LPG in Mosel bei Zwickau, wechselt dann als Hilfskraft in eine Buchhandlung und absolviert eine zweite Ausbildung zum Buchhändler. In dieser Zeit macht er erste Bühnenerfahrungen als Sänger in drei Bands. 1965 zieht er nach Leipzig, studiert dort an der damaligen Fachschule für Buchhändler und arbeitet ab 1968 als Redakteur beim ostdeutschen Zweig des Börsenblattes für den Deutschen Buchhandel.

1966 ist er Gründungsmitglied des Studentenkabaretts »academixer«, wird 1978 Berufskabarettist und macht sich 1988 als Autor und Kabarettist selbständig, gemeinsam mit Gunter Böhnke, mit dem er bis 2004 auf verschiedenen Kabarettbühnen in Deutschland auftritt. Seit diesem Jahr arbeitet er vorwiegend mit der Sängerin und Kabarettistin Katrin Weber zusammen.

Bernd-Lutz Lange

Bernd-Lutz Lange tritt bei den Massenprotesten 1989 öffentlich für friedliche Veränderungen ein, er wurde vor allem bekannt als Mitverfasser des Aufrufes der »Leipziger Sechs«, der in allen Leipziger Kirchen nach dem Friedensgebet verlesen wurde und wesentlich dazu beitrug, dass die Montagsdemonstration am 9. Oktober 1989 mit über 70 000 Teilnehmern friedlich verlief.

Wann haben Sie im Jahr 1989 zum ersten Mal gespürt, dass sich in der DDR etwas ändert? Wie haben Sie darauf reagiert? ....
....

In Leipzig fand im Juni 1989 ein nicht genehmigtes Treffen von Straßenmusikanten statt. Die Staatsmacht schritt dagegen völlig unverhältnismäßig ein. Junge Menschen wurden verhaftet, Geldstrafen verhängt. Es hat viele Leipziger sehr beschäftigt, als sie plötzlich mit dieser Polizeigewalt konfrontiert wurden. Mich erinnerte die Situation an den schlimmen Polizeieinsatz von 1965, an die so genannte Beat-Demonstration: Jugendliche protestierten damals gegen das Verbot von Bands und für ihre langen Haare.

Nach den Ereignissen während des Straßenmusiker-Treffens hat sich Gewandhauskapellmeister Kurt Masur in der Öffentlichkeit zu Wort gemeldet. Er lud zu einer Veranstaltung innerhalb der »Begegnungen im Gewandhaus« (kurz BiG genannt) ein. Der Zuspruch war riesig, das Foyer überfüllt. Demonstrativ warf Masur zu Beginn einem Straßenmusiker im Raum ein paar Münzen in seinen Hut. Auch die zuständigen Kulturfunktionäre waren vom Gewandhauskapellmeister eingeladen worden und mussten sich nun anhören, wie Masur aus einem Brief vorlas, den ihm ein junger Mann geschrieben hatte und in dem er von seiner Verhaftung und seiner Geldstrafe berichtete. In aller Welt, so Masur, wäre das Musizieren auf der Straße möglich, nur nicht in Leipzig, DDR. Masur hatte auch Gunter Böhnke und mich für diesen Abend angesprochen. Wir sangen aus unserem Programm u. a. das »Oben-Lied«. Dort heißt es im Refrain:

»Sieh nicht nach oben,
 sieh zur Seite, sieh ganz weg!
 Denn ganz da oben,
 alles morsch auf jedem Fleck!
 Und täglich bröckelt die Fassade ab.
 Hoffnung auf Änderung, die ist schon langsam knapp.«

Der Vers war vordergründig auf den Zustand der Leipziger Häuser gemünzt, aber die Menschen verstanden damals sehr gut, wen wir mit »da oben« meinten.

Bei dieser Veranstaltung, bei der Diskussion hatte ich das Gefühl: Jetzt beginnt ein neuer Zeitabschnitt. Die Menschen tragen das, was sie schmerzt und beschäftigt in die Öffentlichkeit. Die Angst vor Repressalien schwindet.

In diesem Zusammenhang erinnere ich mich auch an eine Diskussionsrunde in jenem Jahr über Architektur und Bauen in Leipzig. Die Besucher fühlten sich von einigen Ausführungen des Chefarchitekten regelrecht veralbert und stellten ihm deshalb sehr unbequeme Fragen. Es gab einen heftigen Disput und der Chefarchitekt kam ins Schwitzen.

Es war ein Punkt erreicht, an dem sich die Bevölkerung nicht mehr alles gefallen ließ. In der Öffentlichkeit wehte nun ein anderer Wind.

Wie haben Sie die Kommunalwahlen im Mai 1989 erlebt? . . . .
. . . .

Auch ich habe im Mai 1989 für eine Neinstimme gesorgt. Wie viele andere Wähler habe ich mir gesagt: Wir müssen unbedingt ein Zeichen setzen. Sonst geht unser Leben in der DDR immer so weiter. Wenn wir jetzt nichts tun, dann ändert sich hier nie mehr etwas. Wenn wir in diesem Land bleiben wollen, dann müssen wir eine grundlegende Veränderung erreichen. Und dazu gehörte eben auch der Denkzettel für die Regierung über den Wahlzettel.

Umso größer war die Empörung im Volk, als sie den offensichtlichen Wahlbetrug erleben mussten. Einen Wahlbetrug, den man sich trotz der Tatsache leistete, dass in vielen Lokalen oppositionelle Kräfte die Wahl überwacht hatten. Unglaublich!

Das Wort »Reform« hatte seit Mitte der 80er-Jahre durch Gorbatschow einen neuen Klang bekommen. Welche Bedeutung hatte für Sie dieses Wort? ....
....

Eine Reform war für mich die letzte Chance für einen Sozialismus. Ich war ein Anhänger des tschechischen Modells des legendären Jahres 1968. Ich war in jenem Jahr in Prag und hatte vorher jeden Monat viel in der deutschsprachigen Zeitschrift »Im Herzen Europas« darüber gelesen. Reformen waren für mich das, was wir unter einem »Sozialismus mit menschlichem Antlitz« verstanden, in erster Linie eine Demokratisierung des Lebens. Die tschechischen Reformer hatten für alle Bereiche neue Konzepte. Dann kamen die Panzer und bis in die 80er- Jahre gab es im sozialistischen Lager keine Experimente mehr. Erst durch Gorbatschow kam wieder Bewegung in unser Leben. Er sorgte dafür, dass wir zum ersten Mal in der Auseinandersetzung mit dogmatischen Kräften Argumente aus dem Osten bekamen.

Ungläubig rieben wir uns dann die Augen, als wir plötzlich feststellen mussten: »Von der Sowjetunion lernen, heißt siegen lernen« – das galt nicht mehr! Das hatten wir uns nicht vorstellen können, da wir zumeist der Meinung waren, erst wenn sich im Kreml etwas ändert, dann ändert sich auch bei uns etwas. Als sich die Führung der DDR gegen die sowjetischen Reformen wendete, da begann aus meiner Sicht das Ende der DDR. Das hat auch viele Genossen fassungslos gemacht. Dann gab es bald die ersten Austritte aus der Gesellschaft für Deutsch-Sowjetische Freundschaft mit dem Argument: »Ich schäme mich gegenüber meinen sowjetischen Freunden.« Und als schließlich sogar noch sowjetische Filme und das Magazin »Sputnik« verboten wurden, da war klar: Die Spitzengenossen von Hager bis Honecker wollen nicht reformieren. Ostberlin und nicht mehr Moskau war nun der Sitz der »reinen Lehre« bzw. der Hort des Dogmatismus.

War für Sie der Sozialismus reformfähig?..............
....
1968 habe ich den Sozialismus noch für reformfähig gehalten. Und in meiner Generation hatten viele, ausgehend von den Prager Reformern und später durch die polnische Solidarnosc-Bewegung diese Hoffnung nicht aufgegeben. Außerdem dürfen wir nicht vergessen, dass es auch in der Geschichte der DDR immer wieder Funktionäre und SED-Mitglieder gab, die einen anderen Weg einschlagen wollten. Ich denke da in den 50er-Jahren an Schirdewan, Oelsner, Wollweber, Ackermann, Dahlem, Zaisser, Merker, Dertinger oder später an Havemann und Bahro. Ulbricht wie Honecker haben es aber immer wieder im Verbund mit treuen Vasallen geschafft, Andersdenkende zu isolieren.

In der DDR war der Alltag politisch. Deshalb suchten sich viele Menschen unpolitische Nischen. Im Jahr 1989 änderte sich das. Wann verließen Sie Ihre Nische? Wann wurden Sie von der Revolution erfasst? ....
....
Ich hatte das Glück, dass ich als Kabarettist schon vor 1989 im Rahmen bestimmter Möglichkeiten opponieren konnte. Ich weiß selbstverständlich, dass Kabarett in der DDR eine Nische bildete, eine Ventilfunktion hatte und dass wir an Grenzen stießen. Wir konnten nichts gegen Honecker oder die Mauer sagen. Dann wäre schnell Schluss gewesen. Aber wir bekamen immer wieder vom Publikum bestätigt – von DDR-Bürgern und auch von vielen westdeutschen Messegästen –, dass sie erstaunt waren, welche Themen wir auf die Bühne brachten. Wir spielten nicht nur aktuell-politisches Kabarett, sondern auch satirisches Theater, wo wir noch »böser« sein konnten, weil wir die Handlung in eine andere Zeit verlegten. Da spielte ein Stück angeblich in der Antike, aber die Zuschauer merkten sehr schnell, welche Verhältnisse gemeint waren. An den

Ostberliner Bühnen wurden diese Möglichkeiten in bestechender Qualität praktiziert.

Zum anderen empfanden viele Menschen unser Kabarettprogramm als einen Schub in Richtung Zivilcourage. Wir konnten verunsicherten Menschen deutlich machen: Das könnt ihr auch sagen, was wir hier bringen. Wir haben also als Kabarettisten mit unseren Möglichkeiten den Boden für Veränderungen mit gelockert.

Seit dem Beginn der Sommerferien 1989 flohen Tausende DDR-Bürger in den Westen. Was ging in Ihnen vor, als Sie die TV-Bilder von der Massenflucht sahen?.........................
..

Für mich waren das alles Aspekte, die auf das Ende dieser SED-Politik hinwiesen. Die Ereignisse summierten sich. Was in Ungarn und der Tschechoslowakei passierte, trug natürlich mit dazu bei, dass die SED-Führung geschwächt wurde und die Chancen für Veränderungen größer wurden. Ein besonderes Gefühl entstand, als der Stacheldrahtzaun zwischen Ungarn und Österreich aufgeschnitten wurde. Das war für mich etwas ganz Unglaubliches. Da hatte ich das Gefühl: Jetzt beginnt der Eiserne Vorhang nicht nur zu rosten, sondern jetzt beginnt er zu verschwinden. Eine Sensation! Dort war man zwar immer etwas liberaler, nicht umsonst nannte man Ungarn bei uns »die fröhlichste Baracke im sozialistischen Lager«, aber so eine Aktion hätte man doch nicht erwartet. Das war für mich die Generalprobe für den Mauerfall am 9. November.

Als die DDR-Bevölkerung die Bilder von der Massenflucht sah, sowohl die von Ungarn als auch jene von der Prager Botschaft, da waren die Menschen erst recht empört, wenn Honecker sagte, dass niemandem eine Träne nachgeweint würde. Natürlich gab es wegen dieser Verluste bei Verwandten und Freunden Tränen.

Warum sind Sie in der DDR geblieben? . . . .
. . . .

Ich bin in erster Linie in der DDR geblieben, weil Sachsen in der DDR lag. Ich habe meine nationale Identität über die sächsische Mentalität und die Geschichte dieses Landstrichs bezogen. Wäre Sachsen geteilt gewesen – wie einige Monate im Jahr 1945, als in Dresden die Rote Armee und in meiner Heimatstadt Zwickau die Amerikaner waren –, dann wäre ich ja schon im Westen gewesen!

Ich konnte mit den drei Großbuchstaben DDR und dem Begriff DDR-Bürger nichts anfangen. Die Polen waren Polen und nicht VRP-Bürger. Ebenso die Tschechen und die Ungarn. Und wir sollten nicht mehr Deutsche sein, sondern DDR-Bürger! Es hatte ja diese Aktion in den frühen 70er-Jahren gegeben, nach Möglichkeit das Attribut »deutsch« zu streichen. Da wurde aus dem Deutschen Verlag der Wissenschaften einfach der Verlag der Wissenschaften oder das Hotel »Deutschland« am Karl-Marx-Platz wurde in »Hotel am Ring« umbenannt. Das war irrwitzig, denn es gab ja weiterhin die Parteizeitung »Neues Deutschland« und die Sozialistische Einheitspartei Deutschlands.

Ich war jedenfalls Sachse und ich war mir ziemlich sicher, dass ich in Hamburg oder München Heimweh haben würde. Außerdem hatte ich einen wunderbaren großen Freundeskreis, von dem hat komischerweise auch keiner das Land verlassen. Und wir sagten uns auch, es könnten doch nicht alle »abhauen«. Und ganz ehrlich: Wer dadurch die Friedliche Revolution nicht erlebt hat – der hat doch wirklich etwas ganz Großes verpasst!

Was ging Ihnen durch den Kopf, als Sie die Bilder von Hans-Dietrich Genscher auf dem Prager Balkon sahen? Was bedeutete damals für Sie dieser Schrei der Menschen? ....

Es hat mich emotional sehr berührt. Dort standen Menschen, zumeist junge Familien, die aus der DDR wegwollten und die keine Hoffnung mehr hatten, dass sich in diesem Land jemals etwas ändert. Ich hatte aber die Hoffnung noch nicht aufgegeben. Ich träumte letztlich immer mal wieder davon, Veränderungen in meiner Heimat zu erleben.

Ende September gab es die ersten größeren Demonstrationen in der DDR. Wie haben Sie damals diese ersten Zeichen des Aufbruchs erlebt? ....

Lange Zeit riefen ja etliche Besucher des Friedensgebets danach auf dem Nikolaikirchhof immer nur »Wir wollen raus!« Ich hatte für sie Verständnis. Als allerdings plötzlich junge Menschen denen entgegensetzten: »Wir bleiben hier!« – da habe ich mich gefreut, das hat mich sehr ermutigt. Da sammelten sich die Aktivisten der Friedlichen Revolution, die der Regierung schließlich mit dieser Losung Nachhilfeunterricht in Sachen Realität gaben: »Wir sind das Volk!«

Den Beginn der ersten großen Demonstration habe ich im September 1989 in Leipzig noch miterlebt. Dann musste ich leider zu einem Auftritt. Als ich an jenem frühen Abend am Karl-Marx-Platz in die Straßenbahn stieg, sah ich plötzlich diese Menschenmenge, die erstmalig von der Grimmaischen Straße auf den Karl-Marx-Platz strömte. Das war schon ein Bild von symbolischer Kraft: aus der Enge der Straße in die Freiheit eines Platzes. Da bekam ich eine Gänsehaut und hatte das Gefühl, der Mut der Menschen steigt. Jetzt fängt ein neuer Abschnitt an. Das war der Beginn der Ring-Demonstrationen. Ich habe diese Entwicklung sowohl mit großer Freude als auch mit Sorge beobachtet. Wie wird das enden? Wie wird die Polizei darauf reagieren? Zu diesem Zeitpunkt bestand letztlich immer noch die Gefahr, dass es auf dem Karl-Marx-Platz zu Ereignissen wie auf dem »Platz des Himmlischen Friedens« in Peking hätte kommen können.

**Gab es für Sie im Jahr 1989 einen Punkt, an dem Sie für sich eine unwiderrufliche Entscheidung zu treffen hatten, die Sie sich reiflich überlegen mussten? – Wenn ja: Welche Entscheidung mussten Sie treffen? Welche Faktoren waren ausschlaggebend?........
....**
Ich habe mir das damals nicht als Entscheidung bewusst gemacht, aber ich wollte mich schon für Veränderungen engagieren. Im Sommer 1989 wollte ich versuchen, ob nicht Bürgerrechtler und Partei miteinander ins Gespräch kommen könnten, um die Lage zu entschärfen. Durch meine Arbeit als Kabarettist hatte ich während der sogenannten »Abnahmen« vor der Premiere auch Funktionäre der Partei kennengelernt. Ich schätzte als Gesprächspartner Dr. Roland Wötzel, den Sekretär für Wissenschaft an der SED-Bezirksleitung, der auch einige Zeit für Kultur zuständig war. Schon vor 1989 hatte ich mit ihm darüber diskutiert, dass sich in diesem Land etwas ändern müsse. Wötzel war in meinen Augen ein liberaler Genosse. Er war wegen bestimmter Ansichten zur Wirtschaftspolitik der DDR quasi aus Berlin in den Bezirk Leipzig mehr oder weniger strafversetzt worden. Ich hatte auch noch nie einen SED-Funktionär kennengelernt, der sich in der Bibel besser auskannte als ich, obwohl ich aus einer christlichen Familie komme und zu einer Kirchgemeinde gehöre. Ich hatte mit ihm im August ein Gespräch, in dem ich ihm meine Vermittlung zwischen den Gruppen in der Kirche und Partei anbot. Wötzel meinte, diese Gruppen würden nicht mit der Partei reden wollen. Ich ging ins Haus der Kirche und knüpfte erste Kontakte. Natürlich war man dort bereit, miteinander zu reden. Daraufhin plante Wötzel, da er die

Zuspitzung der Situation mit Sorge beobachtete, im Hörsaal 19 eine gemeinsame Diskussion. Das wäre natürlich eine Sensation gewesen, eine Vorwegnahme der späteren Runden Tische. Aber dann wurde das Neue Forum verboten und Wötzel musste seinen Plan aufgeben. Er sagte mir, er dürfe als Genosse nicht mehr mit Vertretern einer verbotenen Gruppierung reden. Ich blieb aber mit ihm im Kontakt. Und so kam es, dass wir beide an jenem 9. Oktober 1989 Mitautoren des Aufrufs für Dialog und zur Gewaltlosigkeit wurden. Außer uns waren Gewandhauskapellmeister Kurt Masur, der Theologe Dr. Peter Zimmermann und die SED-Funktionäre Dr. Kurt Meyer und Jochen Pommert dabei.

Ich habe mir damals gesagt, die Partei hat in diesem Land die Macht, also können auch Funktionäre das Schlimmste verhindern. Im Gespräch mit Wötzel hatte ich vorher vorgeschlagen, die zugespitzte Situation dadurch zu entschärfen, dass die Demonstration am 9. Oktober erlaubt wird. Aber das hielt er noch nicht für möglich. Als wir dann bei Masur in der Wohnung saßen und den Aufruf niederschrieben, forderte ich die Funktionäre auf, dafür zu sorgen, dass sich die Polizei zurückzieht. Wötzel telefonierte mit einer entsprechenden Stelle. Unser Aufruf war mehrmals über den Stadtfunk und auch über Radio DDR, Sender Leipzig, zu hören. Er ist zudem in allen Innenstadtkirchen verlesen worden. Ich kenne Menschen, die in den Kirchen saßen und Angst bekamen, als gesagt wurde, jetzt werde ein Aufruf verlesen. Sie glaubten, es ginge um die Verhängung des Kriegsrechts. Umso entspannter waren sie, als sie dann den Inhalt hörten. Es gab Beifall in den Kirchen. Mit diesem kleinen Text hatten sich zum ersten Mal drei Funktionäre der SED in aller Öffentlichkeit dazu bekannt, dass es in diesem Land schwerwiegende Probleme gab. Das war neu, denn zwei Tage vorher hatte Honecker in seiner Rede zum 40. Jahrestag das Leben in der DDR noch in den rosigsten Farben geschildert. Die drei Funktionäre hatten mit dieser Aktion die Parteidisziplin verletzt und mit uns etwas begonnen, von dem sie nicht wussten, wie es ausgehen würde. Die Partei hatte natürlich längst noch nicht aufgegeben. In der Leipziger Volkszeitung wurde der Aufruf am nächsten Tag auch nicht abgedruckt. Die drei Funktionäre wurden für ihre Initiative kritisiert, mussten sich rechtfertigen und wurden in der Bezirksleitung in einem Raum jeder für sich an einen Tisch gesetzt, um eine Stellungnahme zu schreiben.

Man kann sich heute kaum noch vorstellen, was dieser Schritt damals bedeutete. Wenn man sich den Aufruf heute durchliest, wirkt er relativ bescheiden und freundlich. Aber 1989 war es eine Sensation, dass drei Funktionäre der Partei in aller Öffentlichkeit sagten: In diesem Land gibt es große Probleme und es muss sich etwas ändern.

Im September wurde das Neue Forum gegründet. Der Name »Neues Forum« wurde bald zu einem Markenzeichen für Reformwillige. Wie standen Sie zum Neuen Forum bzw. zu den anderen neuen Oppositionsgruppen?

Ich habe die Gründung dieser Oppositionsgruppen sehr begrüßt, aber ich habe einen anderen Weg gewählt: Zum einen über die Arbeit im Kabarett – 1988 habe ich bei den »academixern« aufgehört und habe mich dabei auch aus der natürlich von Genossen bestimmten Arbeit des Kabaretts frei gemacht. Mit Gunter Böhnke gründete ich dann ein Duo. Im November 1988 standen zum ersten Mal zwei parteilose Kabarettisten mit einem Programm auf der Bühne im academixer-Keller und wir versuchten damals in unseren Texten schon ein paar Grenzen zu überschreiten.

Andererseits habe ich – wie schon erwähnt – versucht, mit einem Verantwortlichen wie Dr. Roland Wötzel im Gespräch zu bleiben. Er hat später erzählt, dass ihn die Gespräche mit seiner Tochter und mit mir am meisten zum Nach - und Umdenken angeregt hätten.

Gab es für Sie im Herbst 1989 einen Moment der Angst? Vor was haben Sie sich gefürchtet? Wie haben Sie reagiert? . . . .
. . . .
Ich hatte nur Angst, dass es in Leipzig irgendwann den ersten Toten geben könnte.

Mich haben später viele Menschen gefragt, ob ich an jenem 9. Oktober Angst gehabt hätte, als wir unsere Aktion starteten. Aber darüber habe ich gar nicht nachgedacht. Als mich Wötzel mit dem Auto abholte, um zu Masur zu fahren, drückte ich ihm einen Zettel mit einem Zitat von Martin Buber in die Hand: »Das Einzige, das dem Menschen zum Verhängnis werden kann, ist der Glaube an das Verhängnis, denn er verhindert die Umkehr.«

Welche glücklichen Momente verbinden Sie mit dem Herbst 1989?
. . . .
Dieses Gemeinschaftsgefühl war für mich etwas ganz Besonderes. Das Wort »Solidarität« war uns in den 40 Jahren DDR unentwegt gepredigt worden. Monatlich wurden wir mit Solidaritätsmarken genervt. Wir konnten das Wort eigentlich gar nicht mehr hören. Und plötzlich haben wir erfahren, was Solidarität und Gemeinsamkeit heißt. Die Menschen, die über den Ring gelaufen sind, haben etwas erlebt, was einem ganz selten in der Geschichte widerfährt: Sie waren plötzlich eins. Sie waren im wahrsten Sinn des Wortes Brüder und Schwestern. Es war so. Jeder hat den anderen irgendwie anders angeguckt. Ich sage immer: In den vier Wochen zwischen dem 9. Oktober und dem 9. November liefen wir nicht über das Pflaster, sondern da schwebten wir ein paar Zentimeter darüber. Wir waren eine große Familie. Das kann es nur für eine kurze Zeit geben, dann kippt es wieder.

Welche Rolle haben aus Ihrer Sicht die Kirche und der Glaube im Herbst 1989 gespielt? ....
....

Ich finde es großartig, dass die protestantische Kirche der Hort der Protestierer wurde. Manche alten Kirchenlieder, die in den Friedensgebeten gesungen wurden, bekamen eine völlig neue Bedeutung. Am 9. Oktober wurde in der Nikolaikirche »Sonne der Gerechtigkeit« und »O komm, du Geist der Wahrheit« gesungen. Gerechtigkeit und Wahrheit – danach sehnten sich die Besucher. In den Gebeten konnten die Menschen alles ansprechen, was sie beschäftigte, die Gruppen für Menschenrechte, Umwelt und Frieden schufen innerhalb des überregulierten Staates einen wichtigen Freiraum. Die Einladung an der Nikolaikirche war Programm: »Offen für alle«. Deswegen ist die Nikolaikirche in Leipzig auch das Herz der Revolution geworden. Am Anfang versammelten sich vielleicht 50 Menschen, die für Veränderungen gebetet haben. Und am Schluss waren 500 000 auf dem Ring unterwegs. Wer einen Beleg für ein Wunder will – das ist ein Wunder. Der christliche Glaube macht ja generell Mut für Veränderung. Nur: So praktisch hat sich das schon lange nicht mehr ausgewirkt.

Warum blieb die Revolution friedlich?

Ich glaube, das hat eine Vielzahl von Ursachen. Erst einmal wurde ja in den Kirchen auch immer der gewaltlose Widerstand gepredigt. Dann spielt natürlich Gorbatschow eine große Rolle. Und wenn ich an Leipzig und den legendären 9. Oktober denke, als alle die Befürchtung hatten, es könnte schlimm ausgehen, dann kommt die unheimliche Disziplin der 70 000 Menschen hinzu. Selbst Stasi-Provokateure hatten da keine Chance. Diese große Disziplin hat natürlich auch dazu geführt, dass Polizei und Armee keinen äußerlichen Grund hatten, um einzugreifen. Wenn es zu Randale gekommen wäre, wenn die Demonstranten die Polizisten angegriffen, die Scheiben der Delikat- und Exquisit-Läden oder vom Intershop eingeworfen hätten, dann hätte die Polizei anders reagiert. Oder wenn Steine gegen die Fenster der Staatssicherheit geflogen wären. Aber auf diesen friedlichen Protest, auf den Ruf »Keine Gewalt«, den Pfarrer Christian Führer die kürzeste Form der Bergpredigt nennt, auf Gebete und Kerzen waren die Staatsmacht nicht eingerichtet. Diese massenhafte Friedfertigkeit hat sie letztlich gelähmt.

20 Jahre sind seit der Revolution vergangen. Was ist vom Aufbruch 1989 geblieben?

Von diesem Aufbruch ist kaum etwas übrig. Der letzte Gruß in Sachen Veränderung waren für mich die Runden Tische. Und sie sind auch der letzte Gruß vom Prager Frühling. Dann kamen die Parteien und haben mit solchem längeren Hinterfragen von Problemen und Konflikten aufgehört. Der Druck der Menschen in der DDR war allerdings sehr groß. Viele wollten schnell die D-Mark und die Reisemöglichkeiten. Insofern war eben die Geduld am Ende, etwas anderes zu probieren. Experimente waren nicht gefragt. Ich war ein Anhänger der Konföderation und hätte mir eine langsame Übergangszeit in das gemeinsame Deutschland gewünscht. Aber in dem Moment, als die D-Mark da war, war klar, dass sich alles ändert und der Westen mit seiner Struktur in jeder Beziehung alles bestimmt.

Doch die Erinnerung an eine großartige Zeit ist geblieben. Der Beweis, dass große Veränderungen ohne Gewalt möglich sind, dass eine bis an die Zähne bewaffnete Diktatur wehrlos wird. Es ist für mich großartig, das erlebt zu haben. Aber dieses besondere Gemeinschaftsgefühl ist längst vom Winde verweht.

Nachwort

Wunder geschehn ich hab's gesehn
es gibt so vieles was wir nicht verstehn
Wunder geschehn ich war dabei
wir dürfen nicht nur an das glauben was wir sehn

Der Pop-Song von Nena, der aus einem privaten Anlass geschrieben worden war, traf im Herbst 1989 die Gefühle von vielen Deutschen und wurde ganz plötzlich zu einem Soundtrack eines Epochenwechsels. Denn die Friedliche Revolution in der DDR war ein »Wunder«. Und noch heute gibt es vieles am Herbst 1989 »was wir nicht verstehn«. Wie konnte es passieren, dass eine scheinbar stabile Diktatur so friedlich beseitigt wurde? Derartige Voraussagen gab es nicht. Denn ein solcher Gedanke widersprach der menschlichen Vernunft und den Erfahrungen im geteilten Deutschland.

Als dann plötzlich dieses »Wunder« eintrat, gab es nicht nur Akteure, sondern Millionen von Augen- und Ohrenzeugen. Sie alle machten ihre eigenen Erfahrungen im Herbst 1989. Sie erlebten ihre persönlichen »Wunder«: Sie spürten glückliche, aber auch angstvolle Momente. Es war ein Herbst, so erinnern sich Beteiligte, mit viel »Gänsehautgefühl«. Statt kühler Politik überwogen die Emoti-

Jan Schönfelder

onen. Nicht wenige Menschen bekennen, dass sie damals geweint haben. Sie haben geweint vor Erleichterung und vor Glück.

In diesem Buch erzählen dreizehn Frauen und Männer, wie sie die Friedliche Revolution in der DDR erlebt haben. Viele sprechen dabei ganz selbstverständlich von einem »Wunder«. In den Gesprächen geht es um sehr persönliche Sichtweisen. Und so kommen ganz private Erlebnisse ans Tageslicht, die in keinem Geschichtsbuch stehen. Die Erinnerungen der Einzelnen stehen mitunter im Widerspruch zu den Erinnerungen anderer Gesprächspartner. Diese Gegensätze schließen aber einander nicht aus, sondern ergänzen sich. Sie zeigen, wie vielschichtig diese Revolution war. Gleichzeitig gibt es zahlreiche gemeinsame Angelpunkte in den Erinnerungen. So entsteht in diesem Buch ein lebendiges Mosaik vom »Wunder der Friedlichen Revolution«.

Die meisten der Gesprächspartner gelten als Prominente. Manche waren 1989 noch unbekannt. Andere sind durch die Ereignisse berühmt geworden. Manche sind nur in ihrer Heimat ein Begriff.

Gemeinsam ist ihnen, dass sie den Herbst 1989 aus sehr unterschiedlichen Perspektiven bewusst erlebt haben: Da sind die Bürgerrechtler und die Künstler, der Parteijournalist und der Westjournalist, die Pfarrer und der Bischof, der Ausländer und die Wissenschaftler. Manche haben den Blick von außen, andere waren intensiv in die Ereignisse verwickelt. Einige Gesprächspartner waren im Jahr 1989 in herausragenden Positionen politisch aktiv. Sie prägten und lenkten damals die Ereignisse. Andere, die damals im Kleinen wirkten, bestimmen inzwischen die Politik der Gegenwart. Für manche der Befragten war ihr Glaube und christliche Wertvorstellungen Basis ihres Handelns.

Prominente sind immer etwas Besonderes. Sie ragen aus der Allgemeinheit heraus und bilden natürlich nicht den Querschnitt der Bevölkerung. Durch ihre Prominenz sind sie aber oft Vorbild für andere, auch wenn sie nicht zwangsläufig Helden sind. Und so sind ihre Erinnerungen immer mehr als persönliche Begebenheiten, sondern stets auch Deutungen, die viel über die bis heute anhaltende Brisanz der Ereignisse aussagen.

Alle Gesprächspartner wurden mit den gleichen Fragen konfrontiert, auch wenn bei manchen Gesprächspartnern der Sinn zunächst unverständlich erscheinen mag. Viele Antworten förderten Gemeinsames zu Tage. So beschrieben fast alle Beteiligten die Ereignisse des Jahres 1988 als prägend für ihr Handeln im Revolutionsjahr. Darüber hinaus erinnerten sich die, die Mitte der 40er Jahre geboren wurden, im Zusammenhang mit der Friedlichen Revolution lebhaft an den »Prager Frühling« 1968 und die folgende Eiszeit. Dieses Jugenderlebnis, mit seinen Hoffnungen und Enttäuschungen, prägte sie bis in den Herbst 1989.

Aber es gibt auch beträchtliche Unterschiede in der Beurteilung der Ereignisse. Vor allem an der Bewertung der Ausreisewilligen scheiden sich die Geister. War ihre Flucht gerechtfertigt? Welchen Beitrag leisteten die Flüchtlinge für die Revolution? Auch die große Künstler-Demonstration auf dem Alexanderplatz wurde widersprüchlich wahrgenommen. Während die Großdemonstration für manche zu den glücklichsten Momenten des Herbstes zählt, waren andere »tief beunruhigt«. Zwiespältig wurde besonders der 9. November 1989, der Tag des Mauerfalls, erlebt. Während vor allem diejenigen, die unmittelbar unter der Teilung litten, den Tag als einen der glücklichsten des Herbstes beschrieben, bedauerten andere, dass sie nur bis zu diesem Tag die Stimme des Volkes gewesen seien. In manchen Details spiegeln sich auch die unterschiedlichen Erfahrungen des Herbstes wider: Während einige Gesprächspartner die Revolution als einen Aufbruch der Jugend sehen, sind andere über die passive Haltung mancher junger Menschen im Herbst 1989 bis heute enttäuscht.

Gerade durch die Widersprüche, die unterschiedlichen Bewertungen, werden die dreizehn Interviews in ihrer Gesamtschau zu dynamischen Gesprächen, die neue Erkenntnisse ermöglichen. Die Vielstimmigkeit der Erinnerung ist das Spiegelbild politischer Auseinandersetzungen und ein Zeichen für lebendige Demokratie.

Das größte, eindrücklichste und wirkungsmächtigste »Wunder« des Herbstes 1989 war der Fall der Berliner Mauer. Die Titelseite dieses Bandes zeigt aber ein Foto aus Leipzig, denn es symbolisiert auf einmalige Weise die wundersame Friedfertigkeit der Revolution: Zu sehen ist ein Kind auf den Schultern seines Vaters. Das Kind reckt eine brennende Kerze in die Luft. Damit erinnert das Foto an ein Historienbild zur Französischen Revolution. »Die Freiheit führt das Volk« des französischen Malers Eugène Delacroix zeigt auch einen Aufbruch. Aber im Gegensatz zur Leipziger Freiheit ist die französische bewaffnet und führt ihre Mitstreiter in einen blutigen Kampf. Das Gesicht des Leipziger Kindes, die weit geöffneten Augen und der offene Mund, spiegeln das Staunen über das Mysterium der friedlichen Revolution wider. Die Leipziger Demonstrationen hatten daran einen beträchtlichen Anteil. Das magische Datum war dort der 9. Oktober 1989. Fast alle Gesprächspartner erinnerten sich an diesen Tag. Dabei waren sie mitunter gar nicht bei den Friedensgebeten und der großen Demonstration in Leipzig dabei, sondern erlebten in Berlin oder in der DDR-Provinz diesen Tag. Trotz aller räumlicher Distanz waren sie den Menschen in Leipzig sehr nah. Gebannt schauten sie auf die Ereignisse in der Stadt. Für alle war der Tag der Entscheidung zunächst ein »Tag der Angst« und später »ein großer Glücksmoment«.

Mit all den vielfarbigen Erinnerungsstücken an den Herbst 1989 soll nicht Geschichte rekonstruiert werden, sondern das Unerforschliche, was »Wunder« an sich haben, weitererzählt werden. Denn wie es bei »Wundern« so ist, bleiben viele Fragen offen. Natürlich besteht immer die Gefahr, dass aus dem Unerklärlichen Legenden erwachsen. Trotzdem ist das schöne und faszinierende an »Wundern« ihr Geheimnis. Denn wie sang Nena? »Wir dürfen nicht nur an das glauben was wir sehn.«

Jan Schönfelder, im Januar 2009

Martin Jankowski
Der Tag, der Deutschland veränderte
9. Oktober 1989

Schriftenreihe des Sächsischen Landesbeauftragten für die Stasi-Unterlagen, Band 7

176 Seiten mit zahlr. Abb.,
Paperback
ISBN 978-3-374-02506-0
€ 9,80 [D]

Am 9. Oktober 1989 entging die DDR nur knapp einem Bürgerkrieg: Obwohl mit Waffengewalt gedroht wurde, gingen nach dem Friedensgebet in der Leipziger Nikolaikirche 70.000 Menschen auf die Straße. Das SED-Regime musste nachgeben: Der 9. Oktober 1989 öffnete den Weg zur Friedlichen Revolution und läutete das Ende der DDR ein. Dieser Tag schuf die Voraussetzungen für ein geeintes Deutschland.

Martin Jankowski trägt den heutigen Wissensstand über das historische Datum zusammen und widerlegt manches Fehlurteil. Das Buch erklärt, warum dieser Tag zum Wendepunkt der deutschen Geschichte wurde.

EVANGELISCHE VERLAGSANSTALT
Leipzig

www.eva-leipzig.de

Jens Schöne

Das sozialistische Dorf

Bodenreform und
Kollektivierung in der
Sowjetzone und DDR

*Schriftenreihe des Sächsischen
Landesbeauftragten für
die Stasi-Unterlagen, Band 8*

176 Seiten, Paperback
ISBN 978-3-374-02595-4
€ 9,80 [D]

Bodenreform und Kollektivierung zerstörten auf dem Gebiet der DDR die traditionellen bäuerlichen Strukturen. Ohne Rücksicht auf die Erfordernisse der Nachkriegszeit richtete die KPD/SED ihre Politik allein an ideologischen Maßgaben aus. Dafür schreckte sie nicht vor Enteignungen und Vertreibungen zurück und nahm Nahrungsmittelknappheit in Kauf.

Jens Schöne zeichnet in diesem Buch die schrittweise Umgestaltung zum sozialistischen Dorf nach und macht so eine Entwicklung sichtbar, die bis heute nachwirkt. Ein bewegendes Buch für alle, die mehr über die Folgen der kommunistischen Diktatur für den ländlichen Raum wissen wollen.

EVANGELISCHE VERLAGSANSTALT
Leipzig

www.eva-leipzig.de

Karsten Krampitz, Lothar Tautz, Dieter Ziebarth (Hrsg.)
»Ich werde dann gehen ...«
Erinnerungen an
Oskar Brüsewitz

240 Seiten m. Bildteil, Paperback
ISBN 978-3-374-02398-1
€ 12,80 [D]

Am 18. August 1976 verbrannte sich der Pfarrer Oskar Brüsewitz zum Zeichen seines Protestes gegen die Kirchenpolitik der DDR auf dem Marktplatz von Zeitz. Obwohl die SED-Regierung Brüsewitz als unzurechnungsfähig darstellte, wurde seine Tat sowohl in kirchlichen als auch in kirchenfernen Kreisen durchaus als politisch motiviert verstanden und löste ungeahnte kontroverse Diskussionen aus.

In diesem Band haben die Herausgeber Material zur Selbstverbrennung und deren Folgen gesammelt, darunter zahlreiche bisher unveröffentlichte Dokumente, welche die Tragweite der Tat eindrucksvoll belegen. Das Quellenmaterial wird durch Beiträge von Zeitzeugen ergänzt, die durch ihre denkbar unterschiedlichen Blickwinkel überraschen.

EVANGELISCHE VERLAGSANSTALT
Leipzig

www.eva-leipzig.de

Jan Schönfelder

Klassen-Kampf

Die Oberschule Pößneck
und die Junge Gemeinde
1952-1954

*Herbergen der Christenheit
Sonderband 12*

160 Seiten, Paperback
ISBN 978-3-374-02596-1
€ 18,80 [D]

Schönfelders »Klassenkampf« ist ein Buch über die sozialistische Oberschule und christliche Jugendliche in der thüringischen Kleinstadt Pößneck. Es zeigt an einem konkreten Beispiel, wie das Bildungssystem der DDR Schülern und Lehrern das Rückgrat gebrochen hat. Schönfelder dokumentiert außerdem den Zustand der ostdeutschen Gesellschaft wenige Jahre nach Kriegsende und verrät viel über einen jungen Staat, der sich zwar demokratisch nannte, aber daran ging, eine allumfassende Ideologie kompromisslos und rücksichtslos durchzusetzen.

In seiner Fallstudie zu den Ereignissen in den Jahren 1952–1954 zeigt der Autor auch, wie dieser Kampf gegen die Junge Gemeinde über das Jahr 1953 hinaus geführt wurde und den Exodus bürgerlicher Familien aus der DDR-Gesellschaft verstärkte.

EVANGELISCHE VERLAGSANSTALT
Leipzig

www.eva-leipzig.de

Harald Schultze

Im Kontext verschärfter Angriffe auf die Kirche

Kurt Grünbaum und der Geldumtauschprozess 1957/58

308 Seiten, Paperback
ISBN 978-3-374-02684-5
€ 24,80 [D]

Die Einführung der Jugendweihe, Prozesse gegen Studentenpfarrer und die Agitation gegen die Leitung der Evangelischen Kirche in Deutschland schnüren das kirchliche Handeln nach 1953 zunehmend ein.

Der aufbrechende ideologische Kampf fordert die Kirchen zu scharfen Erwiderungen heraus. Gleichzeitig führt die antikirchliche Wirtschaftspolitik in den Jahren 1954–1958 zu einer finanziellen Notsituation der Kirche. 1957 werden der profilierte Kirchenjurist Kurt Grünbaum (1892–1982) und Finanzdezernent OKR Dr. Siegfried Klewitz verhaftet. Sie hatten heimlich westdeutsche Geldmittel in die DDR eingeschleust.

Das vorliegende Buch stellt den unermüdlichen Einsatz Grünbaums für die Kirchen in der DDR biographisch dar.

EVANGELISCHE VERLAGSANSTALT
Leipzig

www.eva-leipzig.de

Donald W. Shriver, Jr.
Wahre Patrioten
Vaterlandsliebe und
Vergangenheitsbewältigung

448 Seiten, Paperback
ISBN 978-3-374-02507-7
€ 38,00 [D]

Das Thema Vergangenheitsbewältigung spielte in den USA bisher kaum eine Rolle. Donald W. Shriver, Jr. geht auf den Bewusstseinswandel der Amerikaner ein, die sich den dunklen Kapiteln ihrer Geschichte stellen – der Sklaverei und der weitgehenden Ausrottung der indianischen Bevölkerung.

Shriver, Jr. geht davon aus, dass die Amerikaner von den Völkern lernen können, die sich schon länger mit den hässlichen Tatsachen der eigenen Geschichte befassen. Die Deutschen und die Südafrikaner, die sich mit dem Nationalsozialismus bzw. der Apartheid auseinandersetzen, sind Vorbild für das, was Shriver, Jr. unter wahrem Patriotismus versteht: das Beste der eigenen Vergangenheit feiern, aber das Schlimmste nicht vergessen, sondern entschlossen sagen: »Nie wieder«.

EVANGELISCHE VERLAGSANSTALT
Leipzig

www.eva-leipzig.de